JON CHRISTOPH BERNDT® VS. SVEN HENKEL®

EINFACH MARKANT!

WIE UNTERNEHMEN DURCH KLARHEIT
UND BEGEHRLICHKEIT ERFOLGREICH SIND

PRINTAMAZING

Bibliografische Information der Deutschen Nationalbibliothek:
Die Deutsche Nationalbibliothek verzeichnet diese Publikation in der Deutschen Nationalbibliografie; detaillierte bibliografische Daten sind im Internet über http://d-nb.de abrufbar.

Für Fragen und Anregungen: amaze_me@brandamazing.com

© by printamazing Verlag
Ein Imprint von brandamazing
Lilienstraße 41
81669 München
Germany

Redaktionelle Mitarbeit: Isabella Sbresny
Lektorat: Anke Schild, Hamburg
Gestaltung und Satz: Verena Lorenz, München
Illustrationen: Verena Lorenz außer S. 9 dapoomll (fotolia.com), S. 52 Palsur (fotolia.com), S. 77 leremy (fotolia.com), S. 85 jesadaphorn (fotolia.com), S. 103 rungrote (fotolia.com), S. 129 filborg (fotolia.com), S. 137 piai (fotolia.com), S. 165 RainLedy (fotolia.com), S. 183 jacartoon (fotolia.com)
Fotos: Autorenfotos © Philipp Wulk, München; alle anderen Fotos © bei den Autoren
Korrektorat: Ulrike Hollmann, Hambergen

ISBN Print 978-3-9824239-5-1
ISBN E-Book (PDF) 978-3-9817231-4-4
ISBN E-Book (EPUB, Mobi) 978-3-9817231-5-1

„WER NICHT SOFORT RÜBERBRINGT, WOFÜR ER STEHT UND WAS ER KANN, FINDET IM INFORMATIONS-OVERKILL KEIN GEHÖR.“

Jon Christoph Berndt® und Prof. Dr. Sven Henkel®

INHALT

EINFACH …

... MARKANT!

Der Politologe Jon Christoph Berndt® ist Spezialist für Profilierung, Aufmerksamkeit und Vermarktungserfolg. Mit der brandamazing Unternehmensberatung in München begleitet er markenorientierte Unternehmen und Menschen dabei, ihren Erfolg planbar zu machen. Sie profilieren und präsentieren sich überzeugend und bekommen die Beachtung, die sie verdienen. Damit sind sie fit für die Zukunft. Jon Christoph Berndt ist gefragter Experte in den Medien, Autor zahlreicher Bücher und Dozent an der Universität St. Gallen. Er hält international Keynote-Vorträge auf Deutsch genauso wie auf Englisch. Dabei ist ihm, bei aller fachlichen Substanz, Humor besonders wichtig – wer lacht, lernt.

www.brandamazing.com

Der Betriebswirtschaftler Prof. Dr. Sven Henkel® ist Inhaber des Lehrstuhls für Customer Behavior and Sales an der EBS Universität für Wirtschaft und Recht. Zudem ist er Ständiger Lehrbeauftragter der Universität St. Gallen und Faculty Member der dortigen Executive School (Schwerpunkt Branding und Marketingkommunikation) sowie involviert in diverse Langzeitprojekte des dortigen Center for Customer Insight. Er forscht und arbeitet schwerpunktmäßig in den Feldern Markenführung, Behavioral Branding und Verkaufspsychologie und ist Academic Advisor bei brandamazing. Seine Arbeiten werden regelmäßig in international anerkannten Fachmagazinen veröffentlicht.

EINFACH …

MERKWÜRDIG

- Markant ist, was anders ist als alles Bekannte. Die Herausforderung besteht darin, Anderssein nachvollziehbar und begehrenswert umzusetzen.
- Kunden kaufen eher und zahlen mehr, wenn sie nicht lange nachdenken und wählen müssen. Name und Nutzen des Produkts müssen sich sofort erschließen.
- Wer im wahrsten Sinne des Wortes merk-würdig ist, stellt ganz entschieden seinen Mehrwert heraus. So gewinnt er das Rennen um das knappste Gut: Aufmerksamkeit.

Ein Buch von und mit Henkel & Berndt ist, na klar, „free from", wie alles und jedes heutzutage irgendwie ohne irgendwas sein muss. Hier drin gibt es, das ist unser Anspruch, viel Beef und ordentlich Brand-Carb, dafür sind wir für unseren Teil weitgehend frei von den ewigen Googles, Amazons und Adidas und den ganzen anderen einschlägigen Macht's-doch-einfach-so-wie-die!-Verdächtigen: „Wir brauchen jemanden, der so was wie Apple aus uns macht!"; „Lasst uns sein wie Tesla!"; „Wir müssen es machen wie Sixt!". Das sind diese Führungskräftewindhosen. Ziehen plötzlich auf in der Firma, wehen ein bisschen herum und ziehen wieder ab. Hinterher ist es, als ist nichts gewesen. Doch halt, da hat es ein Blättchen vom Bäumchen geweht … Dann geht es fröhlich weiter in den Meetingräumen. Das ist da, wo man all die guten Ideen hineinzerrt, um sie dann gemeinschaftlich zu erschlagen – mit Inbrunst und Verve und all dem Müssten, Könnten, Hätten, Würden. Und mit dem Eigentlich.

Das Anglizismen-Bullshit-Bingo ist eröffnet. Das hatten wir anders vereinbart!

Manager verbringen 21 Stunden die Woche in Meetings, um dort heimlich ihre E-Mails zu beantworten. Wie soll da Sinnvolles entstehen?

Bis sich dann das nächste Mal einer von ganz oben unvermittelt und kurz vor Feierabend aufbaut vor seiner Personal Assistant to the Führungskraft und herumbermt: „Fräulein Büdenbender, wir müssen mal drüber nachdenken, wie wir uns hier verschlanken, attraktiver werden. Ich will sexyer werden, grade für den Nachwuchs, Arbeitsmarkt und War for Talents und so. Wir machen auf dem Jahres-Kick-off mal was mit Querdenken, damit die ganzen Schnarcher hier mal in die Gänge kommen! Schauen Sie mal, wer uns da von extern unterstützen kann. Unser Ziel muss einfach sein, dass wir cooler unterwegs sind. Disruptiv und so – und Simplicity bitte auch einbauen. Ich denke da an Google, Amazon, Adidas. So Examples, die soll der bringen. Okay, wir machen Kabelbäume, schon recht, aber was machen die denn groß? Verchecken Bücher und Turnschuhe und finden Sachen im Internet. Ich bitte Sie! Da sind wir doch viel besser aufgestellt. Hallo? Da muss doch was gehen! Also, dann mal ran an den Speck! Bis Montag dann, habe die Ehre!" Das Fräulein Büdenbender tut dann auch, und auf dem Kick-off Mitte Januar geht so richtig was Disruptives, Simplifizierendes. Mitte Februar ist dann so vorhersehbar wie gründlich alles von der Windhose verweht. Da sind die ganzen Fitnessstudios ja auch schon wieder leer.

Hast du was gegen das „Fräulein"? Mir ist das lieb und recht, so schön retro. Ich mag auch meine Carrera-Bahn.

Wir sagen: Grade weil alle einfach sein wollen und kaum jemand weiß, wie das geht, weil Mut ein scheues Reh ist und Konsequenz sowieso, weil alle immer bloß herumprobieren, wird alles immer komplexer und komplizierter. Wir sagen auch: Man mag's nicht mehr hören, das Geschrei nach den ewig selben markanten Vorbildern. Andererseits: Wenn es um Einfachheit geht, kommt man um genau die schwer bis gar nicht herum. Google, Amazon, Adidas sind da echt gut und deshalb dürfen sie halt doch ganz kurz mitspielen. (Ein an sich sortenreiner Eimer Vanilleeiscreme kann ja auch „Spuren von Nüssen" enthalten.) Das Learning: Bloß nicht zu schwerfällig, umständlich, kompliziert sein. Die Kunden wollen es leichtfüßig und eingängig und ganz besonders in der heutigen Zeit so, dass sie geistig entlastet werden; und nicht noch mehr belastet. Und weil es zu keinem Sachverhalt keine Untersuchung gibt, gibt es solche, die Einfachheit messen und diejenigen feiern, die gefühlt oder tatsächlich ganz vorn mit dabei sind. Googleamazonadidas sind regelmäßig an der Spitze, denn: Sie ermöglichen den leichten Zugang zum Angebot, kommunizieren eindeutig und direkt, interagieren smart mit dem Nutzer, bieten ein im schönsten Sinne simples und effektives Erlebnis, liefern vor allem einen spürbaren Mehrwert und sparen, das ist am wichtigsten, Zeit. Das alles macht sie merk-würdig.

Verpackungsdesigner verbringen mehr Zeit mit den Allergiker-Drohungen hinten auf der Tüte als mit der opulenten Optik vorn. Fleißarbeiter machen eben nicht markant.

Da kreisen Fakten und Zahlen, die machen den Gebrauchsunternehmer wuschig: Leicht verständliche Marken mag man mehr und sie können stolzere Preise verlangen. Drei Viertel der befragten Deutschen würden ein Produkt mit vereinfachtem Erlebnis weiterempfehlen und dafür zwischen 3,4 und 5,7 Prozent mehr

> *Einfacher heißt auch länger, nämlich geöffnet haben: Autohäuser sind grundsätzlich zu, wenn Dienstwagenfahrer mit dicken Budgets vorbeikommen wollen würden.*

bezahlen. Allein die deutschen Unternehmen könnten acht Milliarden Euro einsparen, wenn sie ihr Markenerlebnis im schönen Sinne simpler machen würden; da sind die schweizerischen und die österreichischen noch gar nicht mitgezählt. Wie kriegt man so was eigentlich raus? Außerdem sind die Knackfragen bei Studien doch erstens, wer sie beauftragt, zweitens, wer sie bezahlt, drittens, wer sie so lange kreativ pimpt, bis das rauskommt, was rauskommen soll. Alles vor allem eine Frage der nach der Auswertung der Ergebnisse optimierten Fragestellung. Sei's drum, ganz oben im Ranking sind in diesen Umfragen Google (mit dieser maximal reduzierten Benutzeroberfläche) und Amazon (mit dieser gefühlt bestmöglichen One-Stop-Shopping-Opportunity). Stromanbieter, Reisekonzerne und Versicherungen dagegen sind ganz unten unterwegs – zu komplex, außerdem geht das Markenerlebnis oftmals eher in die Richtung, dass man sich nach dem finalen Klick irgendwie behumst fühlt.

Dieses Werk kann also Spuren von Apple enthalten, wir kommen nicht drum herum. Wie sie selbst in ihrer Kommunikation sagen, versteckt sich hinter dem Geheimnis des Erfolgs vor allem das Prinzip der Einfachheit: „We simplify." Hier wird sie sinnlich zelebriert, inszeniert, überhöht, als höchste Form der Raffinesse. Technik ist für Apple nicht L'art pour l'art, sondern steht, brutalstmöglich konsequent ausgeführt, als dienende Funktionalität ganz unaufdringlich im Hintergrund bereit. Man bemerkt es auch am Design, das mit dem klaren Logo und immer einer Farbe einfacher nicht zu gestalten ist – und dabei dem Zeitgeist immer einen Schritt voraus. Die Nutzung: intuitiv. Gebrauchsanleitung nicht nötig, das muss man erst mal schaffen.

> *Stimmt zwar, das iPhone ist seit zehn Jahren die Ikone der Einfachheit. Seitdem passiert aber nichts bei denen, was den Anspruch neu untermauert. Bisschen dürftig.*

Etwas verbindet Aldi mit Apple: Die Albrecht Brothers haben in den Sechzigern eine ganz ähnliche Vorstellung von geradliniger, sperenzchenfreier Gestaltung von Produkt, Packung und Werbung wie Jahrzehnte später Steve Jobs. Sie erkennen früh:

Weniger ist nicht nur meist mehr, sondern auch meist besser. Ähnliche Produkte, die bloß mehr Beratung nötig machen und damit Personal binden und bei der Kaufentscheidung verwirren, kriegen keinen Platz im Regal. Lange Zeit gibt es nur 500 Artikel; da muss ein Produkt gehen, wenn ein neues dazukommt. Alles übersichtlich für den Kunden und gut beherrschbar fürs Management. Es fehlt nur eines, und dieser Mangel tritt in dieser ganzen Gut-&-Günstig-Fülle immer eklatanter zutage: der Sex. Deshalb emotionalisiert Aldi Süd wie Aldi Nord das Reinstraumambiente – weg von viel und billig für den Kopf, hin zu vielfältig und preiswert fürs Herz. Vorbild dafür ist unter anderem Trader Joe's. Die US-amerikanische Kette, die über eine Stiftung den Eigentümern von Aldi Nord zugerechnet wird, verschreibt sich seit geraumer Zeit einer gewissen Discounter-Erotik und beweist, dass das geht mit dem Sex: Der Filialleiter ist der „Captain", sein Stellvertreter der „Second Mate", die Maaten an den Regalen und den Kassen sind die „Crew". Alle tragen Hawaiihemden, das Interior Design ist so kokosnussmäßig, und unter dem Strich kommt eine Discountökogourmet-Rampe raus, die dem statusbewussten linksliberalen Ami alles feilbietet, wessen er oral bedarf.

Bitte hier nicht auch noch: Ich will da rein in den Discounter, die Nudel-, Milch- und Butterregale rocken – und turboschnell wieder raus.

Wo ist der Sinn? Ich will da shoppen! Wenn ich Boot fahren will, klemm ich mich auf die Aida.

Sie begreifen nun bei Aldi in beiden Himmelsrichtungen – Nord in Essen, Süd in Mülheim an der Ruhr: Paletten und Kartons werden anmutig verkleidet und in der Kassenzone gibt es was zum Hinsetzen und frisch gebrauten Kaffee. Es besteht gar die Hoffnung, dass die babysabbergelben Bodenkacheln kurzfristig den Weg alles Irdischen gehen. Und im Sortiment sind schon jetzt viel mehr von den aus Verbrauchersicht wahren Marken; darunter echte, so sagt man dazu, Fernsehschokolade, also eine wie Milka, die man aus der TV-Werbung kennt, und nicht immer nur Choceur und ähnliche Märkchen aus der angestammten Albrecht-Kampfklasse. Not tut der Wandel wohl, Einkaufen soll endlich auch hier ein Erlebnis für die Sinne sein. Nur beruht er

Dem Papa, der samstags mit drei Kindern im Schweinsgalopp die Cookie-Lager auffüllt, ist das latte. Der will nur schnell da durch und liebt Aldi für die gepflegte Bocklosigkeit.

diesmal nicht auf einer einzigartigen wegweisenden Idee, wie die Einkaufsrevolution in den Sechzigern, als die radikale Reduktion bei Erscheinungsbild und Angebot der Startschuss ist für 50 Jahre Höhenflug. Aldi wird wie Edeka und Rewe, nur irgendwie ganz anders. Da stellen bislang hörige Discounter-Jünger ihren Gott infrage und wechseln im worsten aller Cases zu Lidl oder Penny. Die schlafen auch nicht, werden ebenfalls herzklopfiger, bleiben dabei jedoch ihrer Identität stärker treu. Und der passionierte Frischmarktflaneur bleibt sowieso bei Edeka oder Rewe. Warum wechseln?

Aldi läuft Gefahr, aus der Riege der wenigen merk-würdigen Firmen herauszufallen und in die veritable Stuck-in-the-middle-Position zu rutschen: nicht mehr richtig Discounter, aber nicht das Zeug zum echten Supermarkt. Da täten eingedeutschte Hawaiileibchen und fancy Tätigkeitsbezeichnungen auf den Brustschildern allein keinen Positionierungssommer machen.

Vor allem ist die DNA von Aldi nach wie vor auf Prozesse und Effizienz ausgelegt. Das Ladendesign verändert man in Tagen, seine Identität in Jahren. Wenn das mal nicht für Wirrnisse sorgt …

Einige Unternehmen gehen vorweg. Sie machen schon mit ihrem Unternehmensnamen klar, wie einfach geht. „Ab in den Urlaub" ist da ganz weit vorn; der Name, der ganze Rest nicht so arg. Er zaubert sofort ein Bild ins Herz, von Rhodos im Regen und noch mehr im Sonnenschein. Wer kann dazu schon Nein sagen? Lieber klickt man sich gleich die nächsten schönsten Wochen des Jahres zusammen. Ziemlich prima finden wir auch „Blablacar". Da kommt stante pede ganz eindeutig rüber, worum es geht – ums Quatschen auf engstem Raum. Das macht der Slogan „Bringt Leben ins Auto" deutlich. Nur wer Reisen & Sabbeln gut findet, soll hier seine Mitfahrgelegenheit finden. Umgekehrt wird gleich klar, dass Leute mit notorischer Themenflaute lieber anders reisen sollen. Die will man nicht in der Community, es sei denn, sie ziehen sich die 27 Gesprächseinstiegsvorschläge auf der Website rein und beherzigen sie beim gemeinsamen CO_2- und Geldsparen dann ganz proaktiv.

Das ist das intuitiv Geniale: Die markante Marke schließt Leute ganz bewusst aus. Sonst bleibt sie profillos.

Bonustrack: noch ein Weltklasseunternehmensname, der hundertprozentig markant ist – „Fressnapf".

Bei Strom, Gas und Wärmestrom hämmert einem die „E wie einfach GmbH" schon mit ihrem Namen den Anspruch auf maximalst praktizierte Simplicity ein. Und schafft damit die erste eindeutige Differenzierung im hochkompetitiven Markt. Die Tochterfirma kriegt so automatisch, worum die Mutterfirma E.ON Energie entschieden länger kämpfen muss: Aufmerksamkeit. Das in einem völlig verstopften virtuellen Regal voller Dienstleister mit völlig austauschbaren Produkten, die dazu noch so was von low-interest sind, das gibt's gar nicht. In der Kosmetik versucht das Simple, wobei solch ein Name in dieser Branche gefährlich ist. Die „Sensitive Skin Care Experts" bei Unilever müssen bei diesem radikal zurückgenommenen Naming aufpassen, dass sie tatsächlich mit Dimensionen wie einfach, leicht, unkompliziert, unproblematisch assoziiert werden (das will man beim Schminken und Cremen gern) und nicht etwa mit banal, schlicht, trivial und so (das will man auf keinen Fall). Wer will schon einen Spender Simple Tagescreme Regeneration Age Resisting Day Creme SPF 15 Green Tea Goodness auf der Allibert-Spiegelschrankablage stehen haben, und der frisch eroberte Besuch geht sich beim ersten Home-Date frisch machen nach dem Hauptgericht und hat beim Anblick dieses Spenders eine derart suboptimale Assoziation, dass er zum wahren Dessert nicht bleiben mag? Gut möglich, dass der Klassikertiegel von Lancôme statt des Simple-Spenders das Date viel eher in Richtung gemeinsames Frühstück im Bett verlängert: Kann zwar niemand aussprechen, aber das kennt man, schön markant, und schon deshalb hat es entschieden mehr Impact.

„Simple" ist eine Marke? Advertising goes gaga. Wie schützt man einen derart generischen Begriff?

Was jetzt: Simple, weil einfach, oder doch mit besonders viel Beauty-Gelaber? Zwei Dinge auf einmal geht nun wirklich nicht!

Klarheit und Einfachheit gewinnen. Je präziser das Profil, desto einheitlicher sind die Bilder, die Kunden mit der Marke verbinden. Starke innere Bildwelten erlauben das besonders abgewogene

Merkwürdigkeit schafft Differenzierung und die bleibt im Gedächtnis. Da wird alle Wissenschaft und Forschung brutal nüchtern.

intuitive Urteil darüber, ob man das Angebot klar haben will oder es genauso klar ablehnt. Ein Vielleicht gibt es so nicht. Je eindeutiger das Image, desto stärker spricht es bestimmte Zielgruppen an und desto konsequenter schließt es andere aus: Apple gehört in Werbeagenturen, nicht auf Intensivstationen. Die Anwender verbinden die Marke mit Lifestyle, Musik, Design. Für ernsthaftere Themen wie Gesundheit, Marktforschung und Unternehmenssanierung gibt es Siemens und Lenovo. Apple tut sehr gut daran, sich aus diesen Märkten rauszuhalten. In Palmolive kann man die Hände baden, antibakteriell sauber werden sie mit Sagrotan. Jack Wolfskin ist für Freizeitwanderer, Arc'teryx für semiprofessionelle Bergsteiger.

Markenführung erfordert den Mut zum Anderssein und die Konsequenz dabei, dieses Anderssein erst wahr zu machen und dann aus- und durchzuhalten. Alles andere ist weder begehrenswert noch abzulehnen, sondern, und das ist der GAU, egal.

AUS DEM EINFACH MARKANTEN TAGEBUCH VON HENKEL & BERNDT

Wie cool ist DAS denn? Mega-Positionierung, Mega-Kampagne, einfachest markantest. Glückwunsch an Storck!

Der Marktführer im Dankesagen. Damit drehen sie Nestlé, Mondelēz und Lindt sauber einen rein.

„WAS MACHT DIE TOURISMUSREGION ENGADIN ST. MORITZ EINFACH MARKANT, FRAU EHRAT?"

Die komplizierte Frage danach, ob Markenbildung einfach ist, braucht die einfache Antwort: „Ja." Dann kommt noch ein bisschen mehr von Hugo Wetzel, dem Mann der knappen Worte und der wirkungsvollen Taten: „Sehr einfach sogar." Wichtig ist, sagt der Präsident der Tourismusorganisation Engadin St. Moritz, „dass es eine klare Strategie gibt mit der Position, die man einnimmt, den Werten, die man vertritt, und den Inhalten, die man vermittelt". Wenn das glasklar ist, kommt das Bewusstsein der Beteiligten – darüber, was jetzt dafür geschehen muss, dass alles wahrnehmbar wird. Dafür müssen alle die erarbeitete Haltung geschlossen vertreten. Das ist das, was bei so heterogen organisierten touristischen Destinationen so schwierig ist.

Eigentlich ist es so einfach: die Marke bilden und stärken und leben und dabei die Weisheit walten lassen, dass ein Ganzes viel mehr ist als die Summe der Teile. Man weiß darum auch in den Unternehmen und beherzigt es so wenig in den Elfenbeintürmen, vorzimmerbewehrt, chrombestuhlt. In der Via San Gian in St. Moritz, wo die Signalbahn ins Corviglia losgeht, gibt es keinen Turm, nur drei Etagen, kein Vorzimmer und kein Chrom. Hier sitzt die Tourismusorganisation, im Schatten der Gondelbahn. Man stellt sich das anders vor, vornehm, mit Mobiliar von

USM Haller und Licht von Erco, großen Marken, wie St. Moritz eine ist. Stattdessen schaffen sie hier ohne Designiges und gänzlich schnörkelfrei an der Zukunft dieses Ortes. Mehr noch – sie schaffen an der markanten Zukunft des ganzen oberen Engadins. Das ist nicht leicht, man lebt vom Tourismus, und der hat es inzwischen ganz schön schwer: der starke Franken, dazu die Meinungsprägung in den Köpfen vieler – Champagnerklima, Glamour, teuer. Das Urteil wird zum Vorurteil, das sich zu widerlegen lohnt. Dafür tritt Ariane Ehrat an. Als die Tourismuschefin kommt, geht es los mit dem Größerdenken und -handeln zum Wohle aller. Eben nicht nur für diesen einen Ort, sondern für das ganze obere Tal – für Engadin St. Moritz.

St. Moritz behält den Slogan „Top of the World"; aber nicht, was man bisher darunter versteht. Die Zeit des Hedonismus, sagt Frau Ehrat, ist vorbei: „Die Leute suchen nach Sinn und wollen etwas bewegen." Entsprechend wird der Anspruch neu gespielt: „Gute Qualität sagt nichts über den Preis aus. ‚Top of the World' kann eine Jugendherberge genauso sein wie ein Fünf-Sterne-Hotel, unsere Wanderwege genauso wie die besten Pulverschneepisten der Alpen." Das ist Luxus, wie sie ihn versteht, in dem ganz besonderen Kontext aus Sinn, Wertigkeit und dem Wunsch danach, hier oben eine feine Zeit zu verbringen. Es kommen weniger, aber immer noch genügend Russen und Chinesen von dem Schlag, der für „Reto's Trüffelpizza" auf Corviglia 118 Franken zahlt – den Genuss, so Maître Reto Mathis, „der die sonst übliche Skifahrerverpflegung weit hinter sich lässt". Was ist eigentlich, wenn auf dem Nachbargipfel die beste Käseschnitte, mit dem Brot und dem Gruyère und dem Weißwein komponiert, deren Qualität und Provenienz nur der ganz andere Maître von dort drüben kennt, für 100 Franken weniger und mehr und mehr Neu-Hierher- und Wiederkommer das neue Top of the World ist? Gäste, die das schätzen, sollen wieder mehr kommen.

Es wird beides bleiben und beides geben, die Gewichtung sich verschieben. Doch alles, das ist wichtig, soll erstklassig bleiben. Drei Dinge braucht es für Frau Ehrat, damit der Wandel wahr wird: „den Mut dazu, sich zu verändern; die Verstärkung durch Wiederholung, weil es Zeit braucht, bis das Erlebnis einer Marke von allen Machern verinnerlicht ist; und die Arbeit mit starken Bildern, die den Geist der neuen Zeit spiegeln und das Versprechen, das wir geben, besonders greifbar machen". All das gilt für die Entscheider in den Gremien, wo viele Interessen aufeinanderprallen. Und für die Macher, die das Versprechen einlösen – Servicekräfte, Seilbahnführer, Wanderwege-in-Schuss-Halter: Top of the World ist ein Erlebnis dann nicht, wenn der Schümli-Kaffee entschieden länger zum Tisch braucht als die Apfelwähe, wenn die Sitze im Taxi zerschlissen sind oder am Ende des Wanderweges von Muottas Muragl über die Segantini-Hütte runter nach Pontresina der Abfalleimer überquillt. All das, und das ist die Crux an einem sportlichen Versprechen wie diesem, darf dann nicht sein. Stattdessen soll jeder Gast sich auf seine ganz eigene Art und Weise sagen, dass genau das, was er hier erlebt, in seiner ganz eigenen World ganz besonders top ist.

Damit es gelingt, fangen sie früh an damit, sich auf die neue Zukunft einzustellen. Und kriegen etwas hin, was man im Grunde gar nicht schaffen kann: Vor gut zehn Jahren verbünden sich etliche Orte im Oberengadin, von Zernez im Norden bis Maloja im Süden, mit St. Moritz; später kommen weitere dazu. Heute sind sie 13 und vermarkten sich unter einem Dach, der Destination Engadin St. Moritz, bis nach Indien und Brasilien. Henkel & Berndt fragen sich, wie so etwas gelingt und sogar Bestand hat, bei all den Befindlichkeiten, die auf dem Feld der gemeinsamen Markenbildung freiwilliger Zusammenschlüsse so zahlreich sind wie die Bläschen im St.-Moritz-Champagner Blanc de Blancs Brut.

Fakt ist: Die gebündelte Kraft ist da. Sie schaffen sie auch dadurch, dass das eine mit dem anderen wahrnehmbar kontrastiert. Das eine ist St. Moritz, eher kraftvoll-dominant positioniert als „die schillerndste Alpindestination der Welt", mit Markendimensionen wie „glanzvoll", „lebendig" und „unternehmerisch". Das andere sind die weiteren Gemeinden wie Pontresina, Samedan und Zuoz, zurückhaltender positioniert als „das inspirierende Hochtal der Alpen", mit Markendimensionen wie „ursprünglich", „inspirierend" und „hochklassig". Ein schönes Spannungsfeld, dieses Wechselspiel zwischen Natur pur und mondän. Wobei es – und das ist erwünscht! – Leute gibt, für die ist mondän grade nicht das, was in St. Moritz abgeht, sondern die Art und Weise, wie man ganz hinten im Val Trupchun, dem einzigen Nationalpark der Schweiz, die kapitalen trittsicheren Rothirsche beäugt. Beides trifft geplant aufeinander, und zum Zeichen dessen gibt es die Schnittmenge zwischen der schillernden St.-Moritz- und der inspirierenden Hochtalwelt. Die Werte „weltgewandt", „hochalpin" und sportbegeistert" machen sie aus und sorgen mit dafür, dass das Erlebnis immer neue Akzente erhält und dabei stets aus einem Guss daherkommt.

Bei Markenbildung hilft viel nicht viel: Es sind wenige Worte, Dimensionen, Werte, um die man lange ringt. Sie schreiben die Identität glasklar fest und setzen die Kraft frei, mit der man die touristischen Mitbemüher in Tirol und Südtirol in die Schranken weist. Dafür müssen die Beteiligten verstehen, was „glanzvoll", „inspirierend" oder „weltgewandt" hier oben auszeichnet und wie sie diesen Prädikaten mit ihrem Tun gerecht werden. Dafür leisten die Markenbotschafter ganze Arbeit: Sie vermitteln die Identität zuerst nach innen, damit alle gemeinsam sie anschließend nach außen tragen können. Botschafter wird, wer an Markenstammtischen teilnimmt, auf denen die Positionierung vorgestellt und diskutiert wird, und in seinem Umfeld ein Markenprojekt oder eine Kontaktpunktanalyse durchführt. So kommt die Kraft ins

Tun, was darin gipfelt, dass der feierlich ernannte Botschafter die besondere Funktion als verpflichtende Ehre sieht und nicht als Bürde. Zum Zeichen dessen trägt er den Brand Ambassador Pin. Der sieht ein kleines bisschen aus wie ein Goldbarren – kleine Reminiszenz an vergangene Zeiten ...

Das Oberengadin hat 17.000 Einwohner, und kaum einer ohne Berührung mit der Lebensader, dem Tourismus. Gut 220 sind sogar Markenbotschafter. Für sie und alle anderen gedacht ist die „Herzlichkeitsschulung", entwickelt in ihren Reihen. (Das ist die Kür – die besonders wirkungsvolle Markeninitiative wächst und gedeiht an der Basis.) Da geht es, ganz praktisch und pragmatisch, um die Arbeit am Gast und darum, immer und überall unverwechselbare Überraschungsqualität zu liefern. Das kann nur ein Mensch, die starke Human Brand, die dazu befähigt ist und angefeuert von der Marke Engadin St. Moritz; die unter diesem starken Dach aus eigener Motivation heraus das gute Markenvirus ganz informell immer weiter verbreitet und immer mehr Tourismuserlebbarmacher infiziert: die Kassiererin im Selbstbedienungsgipfelrestaurant ebenso wie den Taxiunternehmer, der versteht, dass das zerschlissene Sitzpolster ausgetauscht gehört. Auch den Hotelbesitzer, der den Investitionsstau bei sich im Haus nun anpackt. Das nicht nur mit Geld, auch mit dem richtigen Ansatz in einer neuen Zeit dort oben in dem Tal, in der weniger wieder mehr ist – solange dieses Weniger darauf einzahlt, wie man Schillerndes und Inspirierendes hier versteht.

Das gemeinsame Verständnis der Haltung trägt Früchte. Es führt dazu, dass die Wanderwegemacher das Verbot für Mountainbiker entschieden anders aufs Schild texten: „Liebe Biker, auf dieser Talseite ist das Wegnetz für Wanderer gedacht. Es warten jedoch viele signalisierte Bikerouten auf Euch – Fahrspass garantiert." Kann man so machen, muss man sogar, wenn aus der Marke ein differenzierendes Marketing werden soll, das dafür sorgt, dass man erst daheim ganz angetan erzählt und dann gern wiederkommt. Und es führt dazu, dass ein 22-jähriger Patrick, Praktikant im Service, auf der Terrasse vom Hotel Saratz in Pontresina den ursprünglichen, inspirierenden und weltgewandten Gastgeber genau auf diesem schmalen Grat gibt, wo es auf Augenhöhe passiert und im schönen Sinne des Wortes selbstverständlich ist – und dabei klar bleibt, wer hier der Gast und wer der Gastgeber ist. Der Hoteldirektor Thierry Geiger sagt: „Wir suchen nicht Top-Profis, sondern sympathische Leute. Keinen Kellner, der 2.000 Weine auswendig kann, sondern den, der gut ankommt bei den Gästen." Mit Patrick und vielen anderen gelingt das, sie sorgen für diese professionelle Lässigkeit auf dem hochklassigen Niveau, das Ariane Ehrat vorschwebt: „Das ist die Spitzenleistung, wie wir sie verstehen." Das Andersartige kommt an. Herr Geiger sagt, das Saratz ist „ein Hotel für Familien, aber kein Familienhotel, und ein Hotel für Wellness, aber kein Wellnesshotel". Da fühlen sich alle wohl, weil es weder zu viele Kinder noch zu viele Familien noch zu viele Leute in Bademänteln in der Lobby gibt. Eine solche Positionierung braucht, bei aller Frankenstärke, keinen Rabatt, den schleichenden Tod der starken Marke. Es gibt hier keinen.

Als solchen will Hugo Wetzel das Angebot ebenfalls nicht verstanden wissen, das die Mehrzahl der Hotels zusammen mit der Tourismusorganisation macht: Wer mindestens zwei Nächte im selben Haus bleibt, kriegt im Sommer die Bergbahnen gratis, im Winter den Tagesskipass für weniger als die Hälfte. Ein Rätsel, wie sie dafür die Mitmacher unter den einen Mut-Hut bekommen ... Das Angebot muss, sagt Herr Wetzel, als Add-on, als echter Mehrwert rüberkommen, der gleichsam die Überraschungsqualität befördert und gut ist für die durchschnittliche Verweildauer und die Auslastung. Ein heißer Ritt, ein Riesen-Commitment aller Beteiligten, ein Wagnis durchaus, wie es nur starke Marken eingehen – und aus- und durchhalten. So etwas gehört von ganz oben aufgegleist, und dafür braucht es zwei: die Macherin, die mit

60 weiteren Machern aus Sagen Tun macht, und den Präsidenten mit dem Vorstand, der sie machen lässt.

Auch die Marke der Tourismus-CEO ist das, was man hinter ihrem Rücken über sie erzählt. Hugo Wetzel erzählt, es war eine „wunderbare Idee" von ihr, die Kraft der Geschichten zu nutzen und dafür 100 Einheimische um ihren geheimsten Geheimtipp für die schönsten Tage im Oberengadin zu bitten. Starke Storys von der Qualität des verhuschtesten Bartgeier-Brunftplatzes, der pulverigsten Pulverschneepiste, den wildesten Wildkräutern für himmlischstes Selbstversorger-Risotto. Was es wirklich ist, drucken sie mit dem Geheimtippgeber auf Karten, und der steckt sie dem Urlauber zu. Es sind diese kleinen Zutaten zu der Fähigkeit, es – auf der Basis der starken Identität – immer wieder neu zu schaffen, das zu sein, was Frau Ehrat bei allem Tun so sehr am Herzen liegt: „der Sehnsuchtsort". Genauer gesagt sind es 13 Sehnsuchtsorte – und das genauso Schillernde und Inspirierende drum herum.

Was ist das denn für ein „Marken-Wundpflaster"? Ich krieg 'ne Injektion! Aber bitte mit HANSAplast!

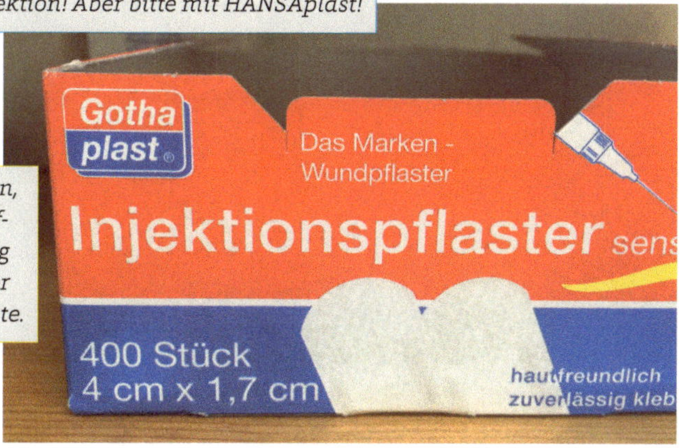

Wundpflaster braucht man, wenn die Injektion schiefgeht. Beide Begriffe so eng beieinander machen Eiter im Kopf und Kaufvorbehalte.

Wer profiliert ist, hat Anziehungskraft und braucht keine Drohungen und Verbote auszusprechen.

Augenzwinkernd charmant gespielt vorm Hotel Neptun in Warnemünde. Und sauber eingelocht!

EINFACH ...
KLAR

- Klarheit entsteht, wenn einem dringenden Kundenbedürfnis mit einem Angebot unmittelbar und unmissverständlich entsprochen wird. Wer lange redet, geht unter.
- Die stärksten Treiber des Kundenverhaltens sind Angst und Unsicherheit. Erst wenn die beseitigt sind, kommen die Lifestyle-Bedürfnisse auf den Plan.
- Wer den Kunden im Mark seiner Wünsche treffen will, muss die Argumente radikal kundenorientiert ausrichten. Was man nicht versteht oder zum Verstehen nicht braucht, hat in der Kommunikation nichts verloren.

Wenn es eine Routine gibt, die Henkel & Berndt eint, ist es die „Deutsche Runde“: Im Großfamilienkleinbus oder mit dem Lastenfahrrad, samstagmorgens ist immer Supermarkt, Baumarkt, Wagenwäsche inkl. Felgenreinigung – und Getränkeshop: Das stille Mineralwasser für die magenschonende Mama, Medium für Papa, mit Sprotzel für die Apfelschorle für die Kleinen. Schön in der Glas- statt in der PET-Flasche, das Auge trinkt mit, und Plastik lieber nicht. Bei dem Geschleppe kommt früher oder später Brita auf den Plan. Die sagen (Selbstbild), sie sind „weltweit anerkannter Experte auf dem Gebiet der Trinkwasseroptimierung und -individualisierung“. Wir sagen (Fremdbild) das zwar auch. Allerdings beschreiben sie ihre Leistung so kundenfern, dass sie bestimmt gut verkaufen, aber nicht sehr gut. Ganz einfach, weil der zentrale Nutzen nicht ersichtlich wird. Um den zu erkennen, muss man die Brille des Kunden, in diesem Fall die des kritischen Henkel und die des noch kritischeren Berndt, aufsetzen: Bei Trinkwasseroptimierung denken wir an dieselbetriebene mobile Aufbereitungsanlagen vom Technischen Hilfswerk, und zu Trinkwasserindividualisierung fällt uns, durchaus mit vielen Kommunikationswassern gewaschen, gar nichts ein. Kriegt das Wasser da einen Namen, damit es individuell ist?

Vor 30 Jahren ist es ein Hercules, 149 Mark. Heute ist es das „Troy Bakfiets Bäckerfahrrad, 7-Gang, 26/24′ Croissant“, online konfiguriert und individualisiert, 999,90 Euro.

Die meinen, dass jeder das Wasser bekommt, das er will, die Blubberbläschen einzeln reingeperlt.

Was der potenzielle Kunde nicht intuitiv versteht, ist nicht relevant. Für ihn ist nicht bedeutsam, was Brita-Produkte wie tun, sondern weshalb und wie sie sein Leben besser, einfacher, schöner machen: „Warum soll ich mein Wasserkaufritual aufgeben und da, wo es um Reinheit und das pure Leben schlechthin geht, ausgerechnet auf Brita setzen?“ Selbst wenn sie Geschmack und Reinheit in den Vordergrund stellen, sind die Filter noch lange kein Must-have. Das ändert sich, wenn man die Zielgerade der Deutschen Runde vor dem inneren Auge hat: Samstag, 13 Uhr. Mit schwerem Schnaufen hieven die Wasserkäufer ihre Kisten die Stiegen hoch, auf den Schultern Engelchen und Teufelchen. Das eine jubiliert ob der verbrannten Kalorien, der andere kommt aus dem Fluchen nicht mehr raus: „Der ganze Aufwand nur für Wasser, geht's noch?" Dabei verwandelt der Tischwasserfilter Marella, als stylisher On-Table-Pitcher positioniert, 3,5 Liter ordinäres Leitungswasser in kalkfreies, wohlschmeckendes Trinkwasser, ohne Mühe und immer wieder. Er braucht nur alle paar Wochen eine neue Kartusche. Wer dem gemeinen Kistenschlepper genau dieses Produkt auf genau der letzten Treppenstufe ganz oben anbietet, trifft auf maximale Preisbereitschaft. In diesem Moment würde er viel mehr als brutto 21,99 Euro zahlen. Filter von Brita sparen Kraft, das ist der Hauptnutzen. Dass sie darüber hinaus entkalken und aufbereiten, ist nett, aber nicht mehr.

Tut man doch – für die teure Filterkartusche über den Gesamtlebenszyklus des Marella. Der Pitcher ist der Tintenstrahldrucker, die Kartusche die Tintenpatrone.

Auf anderen Kommunikationsfeldern arbeitet Brita den Wunsch nach Wasser ohne Leiden sauber heraus. Der Slogan „Think your water" schaltet das Kopfkino an: „Warum schleppen wir eigentlich Wasser, wo es doch fließen kann?", fragen sie auf großen Plakaten in Innenstädten. „Warum verschiffen wir eigentlich containerweise Trinkwasser übers Wasser?", sticheln sie auf Trockendockwänden im Hamburger Hafen; und mit Blick auf die Nachhaltigkeit fragt ein Großplakat: „Plastikflaschen halten 400 Jahre. Warum benutzen wir sie eigentlich nur einmal?" Auf Werbisch spricht man von Active Processing, wenn Kommunikation nicht nur platt Inhalte übermittelt, sondern den Betrachter einbindet. Der Kunde, der sich bewusst für Brita entscheidet, soll sich clever fühlen. Die Positionierung lässt das Unternehmen jünger und smarter erscheinen. So erscheinen die Produkte nicht nur als technisch gut, sie haben vor allem einen sofort ersichtlichen, extrem relevanten Zusatznutzen.

Kraftausdrucking! Altes Wording im neuen Professorenschlauch.

Die größte Herausforderung der Markenführung liegt in der Dramatisierung des Nutzens. „Einfach klar" ist erst dann ein Versprechen, wenn der Kunde das Produkt, das es macht, in einer Entscheidungssituation sofort als Problemlöser auf dem Schirm hat. Wer Kopfschmerzen hat, sehnt sich nach Aspirin und dem „guten Gefühl, dass der Schmerz weg ist". Und wer als Mittelständler Ordnung in betriebswirtschaftliche Prozesse bringen will, denkt an SAP. Das nutzen schließlich auch die Großen („Porsche runs SAP").

> *Seit 2014 sogar „doppelt so schnell", sagen die. Ein Meganutzen, wenn der Schädel dick ist – und das satte Preispremium wert.*

Der Mensch ist täglich etwa 12.000 Informationsimpulsen ausgesetzt, kann sich aber bis zum nächsten Tag nur zwei, drei neue Eindrücke merken. Da gehen alle Versuche sang- und klanglos unter, die nicht sofort auf den Punkt kommen. Erinnert wird nur, wer relevante Botschaften sendet, die man erhört und als merkwürdig empfindet und deshalb abspeichert. Damit das gelingt, muss die beim ersten Nachdenken so simple und beim zweiten so komplizierte Frage nach dem Warum schlüssig beantwortet werden – und eben nicht die nach dem Wie. Die Warum-Antwort bietet Potenzial für emotionale Relevanz, die Wie-Antwort nur für rationale Begründung. Wenn Vaters teures Sammler-Modellauto beim Spielen kaputtgeht, braucht es ganz schnell Uhu: „Können wir reparieren, Papa." Wie es möglich ist, dass Uhu alles klebt, ist eine lange wissenschaftliche Abhandlung wert. Den Verwender, bei dem das Zeug genau jetzt bombenfest halten muss, interessiert sie aber nicht bis überhaupt nicht. Er erwartet zu Recht, dass der Anbieter sein Problem vorhersieht und ihn, wenn es auftritt, dabei unterstützt, es mit geringstmöglichem Aufwand zu lösen.

> *„Alleskleber", welch knackiger Discriminator, noch dazu in einem Wort. Weiter unten sagst du ja noch was Professorales dazu.*

> *Dennoch steht bei vielen Produkten, vor lauter Unsicherheit des strategischen Marketings, immer viel zu viel davon auf der Packung, was es alles kann. Weird!*

Damit das gelingt, muss Uhu sich immer wieder neu um 180 Grad drehen. Und die Welt durch die Augen seines Kunden betrachten: Wie lebt er? Wie ist er ausgebildet? Welchen Zwängen unterliegt er in seinem beruflichen und privaten Umfeld? Wovon träumt er? Wann kauft er? So entsteht ein Kundenprofil, anhand dessen man erkennen kann, wo, wann und wie das Angebot als echter Zusatznutzen ins Spiel kommt. Vom Profil zur Angebotsformulierung geht es in vier Prozessschritten:

> *Das macht doch keiner! Viel zu mühsam! Der Kunde ist meist nur der „Abnehmer".*

1. Schritt: Der Basic Customer-Insight, der fiktive Einblick in die Gedankenwelt des Kunden, beschreibt ein zentrales Bedürfnis, das einer unmittelbaren Problemlösung bedarf. Wer hätte nach dem inspirierenden Besuch des Museum of Modern Art in New York nicht gern einen dekorativen Bildband als Erinnerung? Ab in den Gift Shop und die letzten Dollar sinnvoll investiert! Der Kaufimpuls wird jedoch gleich wieder unterdrückt, wenn man den Wälzer in der Hand hat: Das schwere Werk erst ins Hotel, dann zum Airport buckeln und noch für Übergepäck bezahlen? Dann lieber doch Sneaker. Wenn das MoMA mehr Kunstbücher verkaufen will, muss es über eine integrierte Versandlösung nachdenken. Die Besucher sind überwiegend Touristen, für sie ist der Katalog mehr Souvenir als Fachbuch. Man kauft ihn aus der guten Laune nach dem Besuch der Ausstellung heraus und nicht, zurück zu Hause, auf Amazon. Kaufkritisch ist jedoch nicht der Inhalt, sondern der Versand: „Liebes MoMA, ich will zu Hause von euch schwärmen und hätte so gern einen Bildband. Den zeige ich dann meinen Freunden. Ich kaufe ihn aber nur, wenn ich ihn nicht schleppen muss. Löst das Problem für mich!". Wer das erkennt und zur vollen Zufriedenheit des Kunden löst, macht das Rennen und verkauft mehr Bildbände.

Das sagt er aus der NY-Euphorie heraus. Wenn im Alltag daheim der Postmann klingelt und das schwere Teil ablädt, kommt es zu den anderen schweren Teilen ganz unten im Regal. Und zwar mit der Folie außen rum. DAS ist ein Insight!

2. Schritt: Ist der Customer-Insight klar, wird das aktuelle Angebot systematisch im Hinblick auf Potenziale zur besseren Befriedigung der Kundenbedürfnisse analysiert und optimiert. Neu definierte Customer-Benefits (Kundennutzen) geben dann Aufschluss über die rationalen und emotionalen Argumente dafür. Was bewegt den MoMA-Besucher zum Kauf eines Katalogs? Er zeigt zum Beispiel Werke von Top-Künstlern, mit deren einzigartigen Shows das Museum wichtige Preise gewinnt; die Bildbände sind in verschiedenen Sprachen erhältlich; sie sind vielfarbig auf wertigem Papier gedruckt. Außerdem gibt es Argumente fürs Herz: Der Katalog ist aus New York, der Stadt, die niemals schläft! Das schafft diese einzigartige Mischung aus Neid und Sehnsucht

bei den Daheimgebliebenen. Er fühlt sich darüber hinaus echt toll an und riecht auch so. Und er sieht gut aus, grade das ist bei Coffee-Table-Books so wichtig: Kein Mensch liest sie, vielmehr müssen sie sich optimal ins Interior Design einfügen und auf der Ottomane einfach eine 1-a-Figur abgeben. Und auf den intellektuellen Besitzer abstrahlen – das MoMA ist premium, also ist der Katalogleser es auch. Jedes Indiz ist wichtig für die Nutzenformulierung. Jetzt folgt die Bewertung.

Das ist wie mit den ganzen Kochbüchern, jetzt vegan und von Attila Hildmann: Stehen statementmäßig rum, und geben tut's immer Nudelauflauf.

3. Schritt: Der Reason-to-believe – der Grund, aus dem man dem, der das Nutzenversprechen macht, getrost glauben darf – dient dazu, die Gesamtheit der Benefits auf diejenigen zu reduzieren, die aus Kundensicht besonders bedeutsam und damit vor allen anderen kaufleitend sind. Was sofort besonders einleuchtet, kommt zuerst. Den Customer-Insight vor Augen, stellt man schnell fest, dass viele Argumente zwar für das Zustandekommen der Leistung wichtig sind, weniger als andere jedoch für die Kundenentscheidung. Bei der Reduktion auf das Wesentliche werden die aus Kundensicht weniger relevanten Argumente ausgeblendet. Beispielargument: Alle wichtigen Werke sind im Katalog vierfarbig abgebildet. These: Für den Leser wäre stattdessen der Hinweis darauf, dass alle wichtigen Künstler enthalten sind, wichtiger als der auf die Bilder. Er ist in der Regel nicht in der Lage, die Vollständigkeit zu prüfen, und will das auch gar nicht. Zu wissen, dass Picasso auch drin ist, genügt. Wichtig ist außerdem, dass das Buch toll aussieht und „New York" groß auf dem Cover steht – und dass es nach Hause geschickt wird. Alle anderen Benefits sind Hygienefaktoren. Diese Erkenntnis ist hart für Autoren und Illustratoren, die an das Wahre, Schöne, Gute glauben und dafür die Extrameile gehen. Aber let's face it: Das alles zwischen den Buchdeckeln liest nur der Hardcore-Hobbykunstgeschichtler.

Kitchen Aid sagt über meinen Magnetic Drive Mixer, dass er „2 PS Spitzenleistung" hat – und nicht, dass der Smoothie vor lauter Kraft des Motors so besonders smooth wird.

4. Schritt: Der so wichtige Discriminator ist das eine Argument, das aufgrund seiner Einzigartigkeit und herausragenden Bedeutung

ins Zentrum der Kommunikation rücken soll. Die meist noch sperrige Formulierung wird von Kreativen in einen griffigen Slogan übersetzt. Dacia baut Autos, die fahren, den Qualitätsnormen entsprechen, ordentlich aussehen und besonders preiswert sind. Man versucht gar nicht erst, mehr Schein als Sein zu sein, ganz im Gegenteil. Der Claim „Das Statussymbol für alle, die kein Statussymbol brauchen" bringt hier Schritt 1 bis 3 auf den Punkt. Er differenziert und geht ins Ohr. Für den MoMA-Katalog kann der Discriminator lauten: „Das eindrucksvollste Souvenir aus einer großartigen Stadt, für den Besucher wie für seine Freunde. Man drückt seine Persönlichkeit damit aus und ergänzt sein Selbst. Es kommt per Post nach Hause und ist, im Gegensatz zum Longsleeve von Abercrombie & Fitch an der 5th Avenue, zeitlos schön."

Wie heißt denn dann der Claim? Vielleicht „MoMA@home: Your catalogue – faster there then you are." Was sagst du?

Vier Schritte reichen aus, um eine klare Positionierung zu erarbeiten. Damit die wirklich knackig ist, braucht es die Konsequenz, all die Argumente, die zwar dem Unternehmen wichtig sind, den Kunden aber nicht interessieren, aus der Strategie rauszulassen. Der Aufzughersteller Schindler baut klasse Fahrstühle und beschäftigt Heerscharen von Ingenieuren, um technologisch führend zu sein und zu bleiben. Kommuniziert wird jedoch vor allem eines: Wir bewegen eine Milliarde Menschen pro Tag. Das ist beeindruckend und transportiert das überragende technologische Know-how gleich mit. So herum ist alles klar, in Herz und Kopf.

Eher unklar: Thyssenkrupp Elevator sagt genau das Gleiche. Strike!

Lieber alles verstecken: den hässlichen Hund, den verdrehten Körper, den riesigen Kopf. Ach ja, was machen wir mit der Brille?

Advertising goes gaga! Da sind die Photoshopgäule mit dem prekären Grafik-prakti durchgegangen …

Coole Mitarbeiteridee: Man weiß sofort, wann die Teile weiterverarbeitet werden dürfen.

Die Worker haben einfach gedacht und gemacht. Da wird das blaue Blut spürbar, das bei V-Zug in den Adern fließt.

Kleiner Werbegeldtopf und dann so ein Aufmerksamkeits-Bums. Große Ideen sind besser als große Budgets.

Je ungewöhnlicher das Alltagsbild, desto mehr wird geshart und nicht nur gelikt. Das ist die wahre Währung bei der Impact-Messung.

EINFACH …

INTENSIV

- Was mit Hingabe und Gespür gemacht wird, kauft man gern. Grade dann, wenn es sich dabei nicht um Schokolade, Autos und Klamotten handelt.
- Oldschool-Produkte und Offlinehandel haben beste Chancen, solange Verkaufen und Profit aus der Liebe zum Tun kommen; nicht umgekehrt.
- Wer den Anspruch hat, begehrenswert zu sein, muss den Herzschlag spürbar erhöhen – und so echte Fans genauso wie echte Ablehner produzieren.

Nicht nur bei Menschen, auch bei Organisationen merkt man sofort, ob sie das tun, was sie tun, weil ihnen nichts anderes eingefallen ist – oder weil sie es lieben. Letzteres ist besser, weil nur dann Kunden zu Fans werden können. Mehr noch, es ist heute Voraussetzung allen Tuns. Emotionen kommen aus Emotionen; da reicht es nicht, Erwartungsqualität zu liefern – ordentlich, pünktlich, funktionstüchtig werden als selbstverständlich vorausgesetzt. Bei unseren Lieblingsmarken wollen wir spüren, dass sie leben und nicht gelebt werden, und das bis in die Spitzen. Wer das versteht, will alles, nur kein Querdenker sein. Das kann niemand mehr hören, denn davon, dass jemand angeblich anders denkt, hat keiner etwas. Wir wollen, dass all diese vorgeblichen Querdenker endlich Quermacher werden! Es sind vier Buchstaben Unterschied, und die sorgen dafür, dass bei einer Marke wirklich Sommer ist und genug Vorräte an Vertrauenskapital eingekellert sind für schwierige Zeiten. Derart gewappnet, steht sie sie einfacher durch.

Unter dem Strich sollen wir zufrieden sein. Zufriedenheit ist ein Hygienefaktor. Erfolgskritisch wird es dann, wenn sie wegen Nichterfüllung der antrainierten Erwartungen in Unzufriedenheit umschlägt.

Wenn eine Firma seit 1904 geile Baumaschinen und robuste Arbeitskleidung macht, kann sie mit aller Kraft dafür sorgen, dass es dabei bleibt, dass sie dafür bekannt ist, dass sie seit 1904 geile Baumaschinen und robuste Arbeitskleidung macht. Das tut sie auch. Alternativ kann sie sich, eins zu eins aus ihrem Kern und ihrer Positionierung heraus, weiterentwickeln und für die schlüssige Markendehnung in andere Denk- und Arbeitsbereiche ihrer Zielgruppe sorgen: Von Caterpillar gibt es Handys, da schnallst du ab: Das Cat S60 unterscheidet Oberflächentemperaturen in einem Bereich von bis zu 30 Metern. Es erkennt schlecht isolierte Fenster und Türen, feuchte Stellen an Wänden aufgrund mangelnder Dämmung und überhitzte elektrische Geräte und Schaltkreise. Es weiß, wo defekte Wasserrohre sind. Mit der erstmals in ein Handy eingebauten Wärmebildkamera werden Lebewesen in tiefschwarzer Nacht sichtbar, und das sogar, solange sie Restwärme haben, wenn sie im Kamin vermauert sind. Das Teil ist wasserdicht bis fünf Meter bis 60 Minuten. Es hat einen Touchscreen aus Gorillaglas von Corning, den man mit Handschuhen oder nassen Fingern bedienen kann. Der Druckgussrahmen übertrifft Militärnormen und macht folgenlose Stürze aus 1,80 Meter auf Beton möglich. Und man kann damit telefonieren.

Die Megafrage ist, ob es auch Selfies und Facebook kann. Blaumänner sind genauso interessiert an Lifestyle-Gadgets wie die Weißes-Hemd-schwarzes-Sakko-Pinguine in den Chefetagen.

Wer braucht so was? Es sind die Millionen Menschen, die die ganz besondere Sicht der Dinge von Cat Phones extrem anspricht: „Wir machen Produkte, die stark und praktisch sind. Überdesignte Telefone, die den Geist aufgeben, wenn man sie fallen lässt, sind nichts für uns. Stattdessen fertigen wir innovative, robuste Geräte, die einen in einer harten Umgebung nicht hängen lassen. Langlebigkeit steht bei jedem einzelnen CAT®-Produkt im Mittelpunkt, sei es ein Radlader oder ein Paar Arbeitsstiefel. Und auch die CAT-Outdoor-Handys machen da keine Ausnahme." Was ihre Vision angeht, sprechen diese so intensiv denkenden und arbeitenden Menschen von gnadenlosen Tests bei Produkten, die alles mitmachen und einen niemals im Stich lassen. Das Verrückte: Die Quermacher bei Caterpillar werden ihren Ansprüchen an sich selbst sogar gerecht. Sie tun es für Handwerker, die damit in Wohnungen und Büros undichte Stellen an Türen und Fenstern und lecke Wasserrohre entdecken und die Geräte bei der Bauabnahme einsetzen. Der Feuerwehr zeigt das Gerät Wärmestellen und Brandherde an. In der Gastronomie misst es die Hitzeentwicklung in den verschiedenen Schichten im Koch- und Grillgut, und, viel wichtiger, es überprüft, ob bei verderblicher Ware die Kühlkette lückenlos ist. Kfz-Mechaniker und der TÜV machen die Wärmeentwicklung von Motoren und Bremsen sichtbar und Jäger ihre nächsten Opfer. Bei Neumond. So was nennen wir intensiv.

H&M wechselt 24 Mal im Jahr die Kollektion, weil wir so gern Neues kaufen. Wer will da unkaputtbare Stiefel?

649 Euro für ein Handy, das rockt. Das ist viel weniger als für den nächsten Jeep, bei weit höherem Differenzierungspotenzial für den Nutzer – weil das Automobil seine Anziehungskraft als

> *Den Style-Faktor sehe ich nicht so stark, aber Zeit- und Geldersparnis sind Entscheidungstreiber: Wer schneller schafft, hat früher frei. Das stiftet Nutzen.*

Statussymbol eingebüßt hat. Dabei ist dieses Phone noch extrem relevant: Seine Funktionen sparen massiv Zeit und Geld. Henkel & Berndt sagen: Mehr Relevanz geht nicht, mehr Inbrunst beim Begehrtsein auch nicht. Hier kommt das Produkt zu 100 Prozent aus der Marke und die Markendehnung ist fein durchdacht und konsequent gemacht. Warum wollen wir noch mal immerzu ein iPhone?

„Wir fahren nicht vor, wir kommen einfach." Gerhard Schröder ist so einer, von ihm ist der Satz, und Unternehmen, die kraftvoll unterwegs sind, sollten auch so sein. Da regieren Quermacher, die in unserem Lust- und Verlangenszentrum nicht quietschend die Tür aufstemmen, und wir werfen uns von innen dagegen, weil wir abgefüllt sind mit „Kauf mich!"-Botschaften. Nein, sie treten sie ein und solche Firmen sind uns herzlich willkommen. Sie halten es wie Esso in den Siebzigern: „Es gibt viel zu tun. Packen wir's an!". Sie packen auf ihre Art an und zeitgemäß vertont. Dabei muss es nicht immer der große Bums sein, es geht auch klein und leise, dafür ungebremst und mit High Impact. Es geht in allen Unternehmen. Es geht einfach, wenn sie wissen, wo sie womit für und gegen wen antreten. In Coburg gibt es, gemessen von der Bratwurstbude auf dem historischen Marktplatz, nach 100 Metern eine Thalia-Filiale in der Fußgängerzone. Gleich gegenüber ist Weltbild – und Amazon ist überall. Das sind drei gute Gründe zum Aufgeben für die Buchhandlung Riemann am Markt, seit 1806, aber die legen erst richtig los.

> *Wie kraftvoll! Heute wirbt Esso mit „Energie für die Sinne". Ist das nicht gesundheitsschädlich, wenn man sich an der Tanke an dem Rüssel berauscht?*

Bei Martina Riegert und Martin Vögele gibt es keine altvordere Buchhändlerdenke und einmal im Monat kein Ladenschlussgesetz. Damit haben sie gigantischen Erfolg. Es gibt nur 50 Eintrittskarten zu fünf Euro und einen kleinen Schwarzmarkt dafür, wenn sie zur „Nacht der Bücher" laden: „All you can read", heißt das. Weil die Sache als geschlossene Veranstaltung durchgeht, dürfen die Reader nach Ladenschluss anfangen und bis Mitternacht durchlesen. Das Besondere: Die Chefs gehen nach der Begrüßung und ein paar Schnittchen nach Hause. Die Regeln sind einfach: 1. Im Schongang lesen! 2. Im Flüsterstil reden! 3. Nicht aufräumen! Wer alles durchhat, verschwindet durch den Seiteneingang in die Coburger Nacht. Und wer Bücher haben will, legt sie mit Namen und Telefonnummer an die Kasse. Am nächsten Tag wird dann am Telefon besprochen, was abgeholt wird oder geliefert werden soll, einfach so oder verpackt als Geschenk. Da ist, es liegt in der Natur der Sache, jeder Kunde anders, und deshalb wird jeder so behandelt. Die Nacht der Bücher steigert bei Riemann den Umsatz gegen den Trend, und die Laune aller Beteiligten sowieso.

Endlich steht mal das ambulante Lesen im Mittelpunkt. Seit Thalia Kaffee und Spielecke hat, ist da Essig mit entspannt schmökern, entdecken, reinlesen. Lücke entdeckt – Lücke besetzt.

Warum gibt es das nicht im Autohaus? Probe sitzen und Sitz verstellen, Hörbuch hören, Türen zu- und wieder aufmachen, bis keiner mehr kann. Und zwar ohne die Anwesenheit dieser Typen mit den Namensschildern und den Amöben auf den Krawatten.

Clevere Hingucker klauen angesichts solcher so einfacher wie wirkungsvoller Erfolge reichlich mit Augen und Ohren (dafür kommt man nicht ins Gefängnis) und adaptieren die Beute für ihre Zwecke. Und ja, das funktioniert ebenfalls bei B-to-B. Club Bertelsmann ist vorgestern, dieser Buchlesezirkel für alle, bei dem alle über einen Kamm geschoren wurden, und alle Vierteljahr gibt es den „Quartalsband" für all diejenigen, die schon wieder nichts geordert haben. Auf derclub.de stehen die Sargnagelsätze: „Liebe Kunden, wir haben unser Geschäft eingestellt. Für Ihre jahrelange Treue und Ihr Vertrauen bedanken wir uns ganz herzlich bei Ihnen. Wir hoffen, dass Sie sich stets bei uns wohlgefühlt haben, und dass Sie mit unseren Produkten viele unterhaltsame Stunden erlebten." Wir wissen zwar nicht, wie man ein Geschäft einstellen kann (vermutlich meinen sie in Rheda-Wiedenbrück den Geschäftsbetrieb), und kreative Zeichensetzung pflegen sie da auch, aber viel mehr interessiert uns, ob bei der ganz am Schluss benamsten Maildresse kontakt@derclub.de jemand rangeht an den Bakelit-Computer – und was der zurückschreibt. Müssen wir mal versuchen, Herr Henkel!

Der Quartals-Überraschungsband kam jahrzehntelang immer dann, wenn man wieder nicht gekündigt hatte. Für so viel Frust auf deutschen Kücheneckbänken haben sie ganz schön lang durchgehalten.

Riemann macht weiterhin jeden Tag die Büchertür hoch, die Büchertor weit. Jetzt erst recht, und erfindet das Bücherabo einfach neu – zeitgemäß und hochattraktiv. Da gibt es nicht „den Buchleser", „die Belletristik" und „den Krimi". Stattdessen ist jeder Leser mit genau seinen Vorlieben seine ganz eigene kleinstmögliche Mikrozielgruppe. Die Beraterinnen wählen immer wieder neu ein Buch nach seinen Vorlieben für ihn aus. Dann wird es verschickt, egal wohin auf der Welt, auf Wunsch in Geschenkpapier. Das rockt – draußen bei den Lesern wie bei Riemann in der Kassenzone.

Und Amazon, war da was? Beim süddeutschen Buchfilialisten Osiander nicht. Die liefern online Bestelltes in größeren Städten am nächsten Tag mit dem Fahrradkurier aus, dafür gibt es smarte Kooperationen. Der Dienst heißt „Osiander Greenbooks", und sie sagen, solche „Bücherlieferungen sind hundertprozentig klimaneutral und leisten somit einen wichtigen Beitrag, um Treibhausgase zu reduzieren und nachhaltig unsere Umwelt zu schützen". Und der Greenbooks-Man feuert die Päckchen nicht einfach in die Hecken, wie man sich das von den Gelb-Roten gern erzählt. Um noch eins draufzusetzen, tauscht Osiander in anderen Buchhandlungen oder bei Amazon gekaufte Bücher um, bedingungslos, selbst wenn es sich dabei um das „Praxisbuch Fliegenbinden: Erfolgreiche Muster Schritt für Schritt" (und zwar die Tierchen, nicht den Propeller) von Peter Gathercole in der gebundenen Ausgabe von 2004 handelt. Nicht zu glauben, was die bei Osiander unter Kundenservice und -bindung verstehen und wie sie beides leben.

Cleveres Conversation-Piece. Laut Forschung verkauft „Grün" zwar in den seltensten Fällen mehr, aber die Story kann man gut erzählen. Würde mich interessieren, wer von dem Angebot Gebrauch macht.

Es gibt ihn also, den Unterschied zwischen einer Buchhandlung. Hier ist er ganz real und redlich und nachvollziehbar, für den Kopf wie für das Herz: Da geh ich gern hin, man kennt mich und ich will die kennen. Da geht es hochgradig herzlich zu, ich bin berührt. Intensiv agierende Unternehmen bekommen die ganze Aufmerksamkeit, grade wenn alle Kommunikationskanäle völlig verstopft sind. Das Karrierenetzwerk careerbuilder.com

Da entsteht wahre Liebe durch persönlichen Einsatz – loyalty beyond reason. Solche Fans bleiben treu, auch wenn es mal nicht so läuft. Sie machen den Laden zukunftsfest.

schafft das. Es wirbt in amerikanischen Großstädten nicht mit Anzeigen und Bannern für seine Personalvermittlungsdienste, sondern auf Bussen; aber nicht an der Seite, sondern auf dem Dach: „Don't jump. careerbuilder.com." Das erhöht den Pulsschlag bei den Weiße-Kragen-Workern auf der 70. Etage. Beste Erinnerung der Botschaft garantiert und, viel wichtiger, prima Futter für den Afterwork-Talk in der Grand Central Oyster Bar. Sensationell, finden wir, wie durch so etwas lehrbuchgemäßes Empfehlungsmarketing initiiert wird – als wertvollste und gleichzeitig kostengünstigste Form der Kommunikation.

Was Kosmetik, Tierfutter und Armbanduhren können, können Rohrfreimacher auch – königlich kommunizieren.

Zu viel Bunte gelesen! Bei aller Liebe zur emotionalen Kommunikation: „Royal" hat in dieser Industrie nichts verloren.

„WAS MACHT ABUS EINFACH MARKANT, HERR ROTHE ?“

Manufactum, der Versender des Wahren und Schönen, sagt: „Es gibt sie noch, die guten Dinge.“ Wobei Dinge, die tatsächlich so sind, nur von ebensolchen Menschen, die sie fabrizieren, stammen können. Sonst stimmt etwas nicht mit der Authentizität, vulgo Echtheit. Gibt es also die guten Menschen hinter den guten Produkten?

Bei Abus gibt es den Chief Marketing Officer. Er startet vor mehr als 20 Jahren als Auszubildender im Rahmen seines VWA-Studiums. Einfach geblieben und nie woandershin, weil er sich „sehr stark und sehr vollständig“ mit der Sichtweise der Inhaber identifiziert; und damit, wie sie das Unternehmen führen. Er verweist im Besonderen auf die wirtschaftliche Nachhaltigkeit, „dass sie ihr Handeln nicht von vergänglichen Kennzahlen abhängig machen, sondern in der angenehmen Situation sind, bei strategischen Entscheidungen langfristig denken zu können“. Ihm gefällt, dass es nicht nur ein Familienunternehmen ist, sondern eines, das immer schon von Familienmitgliedern geführt wird. Für ihn gehören Echtheit, Glaubwürdigkeit und Profiliertheit zu einem Wertekanon, der zum einen abseits des Üblichen – Tradition, Kreativität, Innovation – berechtigte Aussicht auf die immer noch ein bisschen stärker ausgeprägte konturierte Persönlichkeit der Firma bietet. Und der zum anderen das Erreichen dieses Ziels maßgeblich zu unterstützen vermag – vor allem auch weil die Inhaber mit bestem Beispiel vorangehen.

Bei Abus gibt es vor allem den heutigen Chief Executive Officer der Gruppe, in der schnurgeraden Familienlinie seit bald 100 Jahren. Echtheit, er spricht ebenfalls davon, ist ein wichtiger Teil der Firmenphilosophie. Sie sind, wie sie sind, halten mit nichts von dem hinterm Berg, was sie und wie sie es auf der ganzen Welt für die „Hasi" und die „Mosi" tun. Ausgenommen die Zahlen, da waren, sind und bleiben sie verschlossen. Für ihn gibt es keine Zufälle, vielmehr Fügung und Führung: Von etwa 20 Schlossfabriken vor dem Krieg in Wetter-Volmarstein sind noch drei vorhanden. Er steht dem größten verbliebenen Hersteller vor – und damit auch dem einzigen, der am Ort noch produziert. Bei den guten Dingen seiner Firma geht es um Messing und Titalium, Fahrradhelme und Feuerlöschspray, webbasierte Zutrittsverwaltung und digitale Videoüberwachung. An der Werkbank seines Urgroßvaters spricht der vierte Gründernamensträger vor und hinter all diesen Produkten davon, was das Gutsein eines Menschen auszeichnet: „Ich will den anderen so behandeln, wie ich behandelt werden möchte." Nur verpflichtet dieser Haltung fühlt er sich nicht, da muss schon mehr sein: „Wenn es nur aus diesem Grund geschieht, kommt es nicht von Herzen." Das Herz muss grade dann bestimmen, wenn es im Unternehmeralltag rau und laut ist, in den Konditionenverhandlungen um den halben Cent pro Stück geht und man für 3.500 Mitarbeiter Verantwortung trägt. Dienend erscheint seine Rolle, zum Wohl der Menschen und des Unternehmens.

Der CMO heißt Christian Rothe. Er will es lange vorher ganz genau wissen, gibt der anderen Hälfte von Henkel & Berndt zu verstehen, dass es für dieses Unternehmen etwas Extraordinäres sein wird, sollte man sich eines Tages in Volmarstein an der Ruhr begegnen und darauf zu sprechen kommen, was bei Abus hinter, zwischen und vor den vier markanten Buchstaben steckt. Außer den Zahlen. Man stellt schnell fest: Sie ziehen hintergründiges Tun dem vordergründigen Drüber-Reden vor. In die „Security World" kommt dagegen jeder, man erlebt hier die Welt der Sicherheitstechnik und geht den guten Dingen auf den Grund, entdeckt die Treiber des Markanten beim Weltmarktführer ganz für sich.

Der CEO heißt Christian Bremicker. Seiner familiären Prägung entstammen die ursprünglichen Werte von Abus. Hier sind die christlichen Prinzipien lebendig, die Kernbotschaften der Bibel wie Nächstenliebe und Menschlichkeit; ganz unabhängig davon, was der Einzelne glaubt, ob überhaupt und an wen. Fairness und einander gut behandeln, auf offene, ehrliche, berechenbare Weise. Diese Dimensionen bestimmen das Miteinander, innen wie außen – im Wechselspiel mit dem Leitbild, in dessen Mittelpunkt das „Wir" steht. Das ist einfach gesagt und schnell geschrieben, genau wie das, worin alles immer mündet: „Die Zusammenarbeit soll allen Beteiligten immer Freude machen." Am herausforderndsten ist, all das zu leben, jeden Tag und immer wieder neu, immer und überall. Dafür treten sie an, machen eine Identität erlebbar, für die der Begriff „Marke" zu kurz greift. Sicherzustellen, dass es gelingt, ist hier gleich doppelt Chefsache, ganz oben auf der Agenda von CMO und CEO, als eine der wichtigsten Voraussetzungen dafür, dass Markantes entsteht.

Wie kann es sein, dass so viel Schmerz ist in der Welt, Neid und Missgunst, Angst und Gewalt? Wie damit umgehen, wenn man an das Gute glaubt und an Gott und die Bibel? Man spricht darüber in der Security World, wo Sicherheit durch den Magen geht. Herr Müller ist der gute Gastgeber, Gastroprofi im Anzug und mit Fliege. Beim Servieren und beim Nachschenken kommt von ihm ganz beiläufig, dass er nirgendwo anders sein will. Er lebt hier seine Berufung, auch wenn er dem Gast im Shop sein Lieblingsliebesschloss graviert für Paris und die Seine-Brücke,

Köln und die Rheinbrücke, Wetter und die Ruhrbrücke. „Mit guten Freunden schmeckt gutes Essen noch besser", schreiben sie über den Tresen, und es entwickelt sich ein wenig von dem Rothe'schen Gefühl, dazuzugehören zur familiären Welt der Bremickers.

„Gott weckt die Menschen immer gern und hat diese Zeit vorausgesagt", sagt Herr Bremicker: „Ist es nicht etwas Wunderbares, dass wir in der Not, die viele Menschen haben, helfen können?" Die Hilfe von Abus steht unter dem Leitsatz „Das gute Gefühl der Sicherheit". Dieses Gefühl, das man bei August Bremicker und Söhne seit 1924 auslöst, ist kein theoretisches. Es ist ganz real und beruht auf dem Wissen darum, von Abus gesichert zu sein. Sie machen früh greifbar und damit so begreifbar, was sie dafür tun; vor mehr als 30 Jahren mit der Abus-Sicherheitstür gleich im Laden, am Point of Decison – ein Türblatt, Dutzende Schlösser, Riegel, Ketten. Sie schaffen es sogar, dass diese Tür in den Beratungsstellen der Polizei steht. Es ist die Zeit, als „Aktenzeichen XY … ungelöst" die verschließbare Abus-Türkette als den „sicheren Diebesschutz" empfiehlt. Damals weiß man nicht, wie man das nennt, was heute Product-Placement heißt. Und heute braucht es ungleich mehr für das Gefühl der Sicherheit als eine Kette an der Tür.

„Es wird immer kriminelle Menschen geben", sagt Herr Bremicker. „Unsere Mission ist es, zu sagen, es gibt eine Antwort, ihr braucht nicht zu verzweifeln." Für die zeitgemäße Meinungsbildung wird aus der Demo-Tür das ganze Demo-Sicherheitshaus zum Anfassen, mit Lösungen vom Keller bis zum Dach. All das ist intern kurz und knapp die Hasi, das steht für die Haussicherheit. In der Markenwelt sind zwei Wohnungseingangsflure ausgestellt, mit dem Blick von innen auf die Wohnungstür. Links der verwüstete, rechts der Abus-gesicherte Flur mit allem in der besten Ordnung. So wird plakativ deutlich, worum es geht in einer Welt, die gehörig in Unordnung ist und vielen Menschen Angst macht, und wie man dem wirkungsvoll begegnet. Daheim mit der Hasi, unterwegs mit der Mosi, der mobilen Sicherheit: Da hat man Angst vor dem Diebstahl von Fahrrad, Motorrad, Boot. Eine schwere Eisenkette mit dem Vorhangschloss aus Messing, 1958 eingeführt von Abus, könnte zwar oftmals ausreichen, sach-, fach- und zeitgemäß ist das aber nicht. Es geht vor allem auch um den Korrosionsschutz und darum, dass nichts reibt am teuren Material und es beschädigt. Außerdem darf Sicherheit dort besonders sexy sein, wo sie teure Sportgeräte schützt. Mit Bremsscheibenschlössern, fest mit der Wand verbundenen Ankern – und der Sicherung von Rad und Sattel am Fahrrad. Nutfix heißt sie und sitzt knallrot, rundum das Logo eingraviert, an Laufradachse und Sattelstützenbolzen. Das Geniale: Die Kappe auf der Mutter geht nur ab, wenn das Rad auf der Seite liegt. Das ist nun mal unmöglich, sofern es nicht nur ab-, sondern vielmehr Abus-mäßig angeschlossen ist. Es handelt sich um patentierte Gravitationstechnologie, montierbar mit dem handelsüblichen Maulschlüssel SW 8. Als Teil der ganz eigenen New Economy von Abus, ganz erfinderisch und metallisch zum Anfassen und frei von Virtual, Holo und Augmented.

Wie geht das, dass man schon so lange da ist und dabei niemals ausinnoviert? Es geht vor allem, sagt Herr Rothe, indem man die Entwicklungs- und Produktionsprozesse ganz überwiegend im eigenen Haus hat, „auch wenn wir manchmal denken, aus rein betriebswirtschaftlichen Überlegungen wäre die Auslagerung gewisser Tätigkeiten sinnvoll". Ganz nah dran sein an der Entwicklung bis zur Serienreife und dabei unabhängig von Dritten, lieber selbst gestalten, viele Produktionsschritte selbst gehen, auch wenn das erst mal teurer ist. Es schöpft die Werte, die geistigen wie die materiellen. Das Nutfix-Set ersetzt die Schnellspannachse – passt zweifellos zu Abus. Aber Fahrradhelme und Fahrradtaschen auch? Das eine durchaus, bedenkt man, wofür die Marke steht: für Sicherheit, auch die des Radlers, und nicht bloß für das Schloss.

Der Markentransfer in den so schützenswerten Kopf des Kunden, schwärmt Herr Rothe, „gelingt einfach ganz wunderbar". Bei den Taschen wird's dagegen sportlich. Da muss die Marke stark sein, dass sie solch eine Dehnung aushält. Sie ist und tut es, Markenbildung ist nicht Mathematik. Da gibt es nicht nur das eine Richtig und das andere Falsch, sondern ganz viele Zwischentöne.

Sie haben die Produkte, die die ganze Welt nachfragt, das Selbst- und Werteverständnis für ihr Handeln und die Security World mit den etwa 6.500 rot schimmernden Schlössern im Riesenlogo am Empfang und den Einblicken in gestern, heute, morgen. Und die Menschen. Wie halten die all das zusammen, in Wetter wie in Buenos Aires? Herr Rothe sagt, was auch Herr Bremicker sagt: Man erreicht auf diese Art des Tuns die Herzen der Mitarbeiter. Förderlich ist auch, dass das Herzensthema von Abus alle etwas angeht. Jeder leistet seinen Beitrag zu mehr Sicherheit und trägt sie in die Welt: „Wenn man sich ordentlich um seine Mitarbeiter kümmert und ihnen ein gutes Umfeld dafür bietet, sich auszutauschen und einzubringen, werden sie automatisch Markenbotschafter." So einfach, ohne Unsere-Marke-leben!-Seminare in den Abus-Akademien, wo es die Kurse gibt zum besseren Verständnis von Mechanik, Technologie und Elektronik. Auch fürs Betroffenmachen der Mitarbeiter – „Die meinen ja mich!" – gibt es eben nicht nur einen Weg. Christian Rothe sagt, es kommt vor allem darauf an, „dass, wer hier arbeitet, intrinsisch motiviert ist, Botschafter von innen heraus". Außerdem auf die Geschichten, die man sich erzählt, untereinander wie draußen über die Firma. Seine schönste ist die von dem Redakteur der Frankfurter Allgemeinen Zeitung, der berichtet, wie dem Fahrradfahrer das Radschloss vom Gepäckträger fällt und ein Sattelschlepper drüberfährt – und hinterher ist das Schloss wie vorher. Das bringt die harten Fakten von Abus ganz weich auf den Punkt. Herrn Bremickers schönste ist die von den Messen, da kommt das neueste Schloss immer in die Hosentasche des Verkäufers.

Dann ist es schön warm, wenn er es überreicht, als Handschmeichler von Abus, den man zur Sicherheit nicht wieder hergibt. Gut für die Bestellungen.

Es gibt auch Geschichten darüber, was der Mensch davon hat, dass sie ganze Gebäude und Fabriken sichern. Da geht es um Gefahrenmeldezentralen für Hotel-Alarmanlagen, Hauptschalter-Verriegelungen im Arbeitsschutz und die technische Zutrittskontrolle, die diejenigen, die sie verantworten, beruhigt schlafen lässt. All das sorgt dafür, dass Lebensmittel sicher sind, Reinsträume rein bleiben und niemand drin ist, wo er nicht hineindarf. Und vermeidet solche Geschichten, die davon handeln, dass etwas passiert ist. Schade nur, dass es für Objektsicherheit keine so schöne Abkürzung gibt wie Hasi und Mosi.

Kann der auch vegan? Bald sind Fensterbretter und Streusandkisten auch „bio".

Eigentor! In solchen Branchen wird „bio" mit Low Performance gleichgesetzt.

Isch krisch die Motten! Starkes Conversation-Piece für den Meck-Pomm-Urlauber zum Erzählen daheim …

Effektives Storytelling kann so einfach sein. Da wird der Bernsteinkettenkauf zum unvergesslichen Erlebnis – für beide!

Was ist das beste Mehrwertkonto? Ich fahr mal in die beste Stadt und frag den besten Verwalter mit der besten Beratung.

Mein Bester: Frag den gleich noch, ob so viel Siegelwahn wehtut.

Ich dachte in der Kassenzone, mich tritt das Pferd von Amazon: Online goes offline, schön disruptiv gespielt.

Wirksam ist das erst, wenn ich daheim den neuen Kaufimpuls gleich befriedigen kann. Wir sagen dazu „no line" – keine Grenze zwischen online und offline.

Der Andersmachverhinderer Nummer 1! Sie sollten noch zwei Nullen hintendran malen.

So andersmachend, wie die bei Lindig-Fördertechnik sind, wird die Sau so oder so nicht voll.

EINFACH ...

ERLEBBAR

- Erlebnisse bleiben länger im Gedächtnis und erhöhen die Kundenloyalität. Wer Marken nicht nur anbietet, sondern inszeniert, gewinnt.
- Erleben findet über alle Sinne statt. Der Kunde will fühlen und begreifen, warum er kaufen soll. Dafür ist der Nutzungskontext (warum) wichtiger als die Funktionalität (wie).
- Echtheit hat oberste Priorität. Jede Form der Erlebbarmachung muss zum Produkt und seinen Machern passen. Aufgesetzte Muster werden erkannt und abgelehnt.

Wer bei Shakespeare and Company in der Pariser Rue de la Bûcherie reinkommt, bemerkt gleich, dass es hier um viel mehr geht als ums Bücherkaufen. Zwischen den bis zur Decke gestapelten Werken jeglicher Couleur findet man Nischen, in denen Leute an mechanischen Schreibmaschinen oder an Laptops sitzen und vor sich hin tippen. Beim Stöbern stößt man zuweilen auf einen friedlich dösenden Buchhandlungsbewohner, eingenickt über der Lektüre von Simon de Beauvoirs „Le deuxième sexe". Und wenn man besonders viel Glück hat, setzt sich ein Kunde ans Klavier im ersten Stock und spielt was von Chopin. Shakespeare and Co. ist gelebtes Savoir-vivre. Hier treffen sich die Bohemiens des 21. Jahrhunderts und halten inne. Sie machen geistige Rast an einem Ort, an dem die Zeit seit Jahrzehnten stehen bleibt, wo Ernest Hemingway und James Joyce sich inspirieren ließen. Der Inhaber George Whitman führte nach dem Krieg ein für Autoren und Literaturfreunde offenes Haus: „Ich habe dieses Buchgeschäft so konzipiert, wie ein Autor einen Roman schreibt. Jeder Raum ist ein eigenes Kapitel. Ich freue mich über jeden, der den Laden betritt, um ihn zu entdecken wie die magische Welt eines guten Buches." Das kommt an. Stammkunden waren Schriftsteller wie Henry Miller und Allen Ginsberg. Unbekannten Autoren bot Whitman Kost, Logis und einen Arbeitsplatz, sofern sie ihm jeden Tag ein paar Stunden im Laden halfen. „Wenn du in Paris bist, musst du unbedingt bei George vorbeischauen. Er lebt mit seinen Büchern", empfahl Frank Sinatra guten Freunden. Heute führt Whitmans Tochter das Geschäft. Unzählige Touristen pilgern zu dem kleinen Kultbuchladen gegenüber von Notre-Dame, mehr als 106.000 Menschen folgen ihm auf Facebook. Die Zeiten sind schwierig, doch der große Zuspruch von Literaturfreunden aus aller Welt sorgt weiterhin dafür, dass das im Familienbesitz befindliche Geschäftshaus nicht an Spekulanten verkauft wird. Shakespeare und Co. ist gelebte Markenkultur, großartig.

Wenn du so weitermachst, wirst du der Meister im Storytelling. Ich bin berührt.

Sie macht es schlicht und einfach anders. Wie die Buchhändler bei Riemann in Coburg, von denen eben die Rede war.

Und der beste Beweis dafür, dass eine starke Zukunft eine starke Herkunft braucht.

Die beste Möglichkeit, Menschen zu Fans zu machen, liegt in der Schaffung unvergesslicher Erlebnisse. Erinnerungen werden im Gedächtnis in Form von Bildern und Geschichten abgelegt. Sie sind umso facettenreicher, je mehr Sinne eine Marke bedient: Vom Besuch bei Dallmayr in München nimmt man nicht nur das Päckchen Caffè Crema perfetto mit; in Erinnerung bleiben vor allem das lichtdurchflutete Ambiente, der Duft nach frisch gemahlenem Kaffee, die Patina der Echtholzmöbel, kunstvoll präsentierte Köstlichkeiten an der Delikatessentheke und die stets freundlichen Bediensteten, die diese einzigartige Münchner Herzlichkeit ausstrahlen. Der Gesamteindruck zählt. Erst wenn alle Sinne adressiert werden, gibt es das beste Fundament für den, der bleiben mag. Und Souvenirs kauft, die ihn lange an das schöne Erlebnis erinnern.

Um den Kaffee geht es nicht. Es geht um die weiße Tragetasche mit dem Logo und der schönen Kordel.

Von dieser Erkenntnis profitieren auch Industriegüterhersteller: Bei der Schweizer Niederlassung des Lastwagenbauers Volvo Trucks in Dällikon gibt es kein repräsentatives Verwaltungsgebäude und keine 360-Grad-Erlebniswelt. Das hält den Geschäftsführer Urs Gerber und seine Mannschaft nicht davon ab, das Thema Erlebnis für sich zu beanspruchen. Bei der Volvo Trucks Drivers Fuel Challenge treten Fernfahrer beim effizienten Fahren gegeneinander an. Wer mit dem wenigsten Kraftstoff am weitesten kommt, gewinnt und kämpft im Finale in Göteborg um den Titel „Effizientester Fahrer der Welt“. Das macht, emotional verpackt, deutlich, dass Volvo Trucks – man positioniert sich unter dem Schlagwort Innovation – neueste Technologie immer weiter optimiert. Und zwar extrem relevant, schließlich macht der Kraftstoff mehr als ein Drittel der Kosten in einer Spedition aus. Weil die Fuel Challenge so truckeraffin aufgezogen ist, wird lange vorher und danach verglichen, gepostet und geshart. Sie bringt Mensch und Maschine fernab vom Alltag und dennoch eng am Produkt eindrucksvoll zusammen. Technisches wird erlebbar, die Community gestärkt. „Use what you sell!“ (Benutze erst mal selbst, was du verkaufen willst) war gestern. Henkel & Berndt sagen: „Enjoy what you sell!" Das machen sie bei Volvo, wo sie so leidenschaftlich rangehen, idealtypisch vor. So klappt´s mit der Meinungsbildung beim Trucker – und damit viel besser mit der Kundenbindung und dem Preispremium. Volvo Trucks versteht, dass am Ende des Kaufprozesses immer der Bauch entscheidet. Das setzt man im Einklang mit der Positionierung um. Die Fuel Challenge steht für Innovation, auf dem Trucker-and-Country-Festival der Branche sorgt man für Community und die Volvo Trucks Future Days führen Lernende an den Spirit der Marke heran.

Prima aufgezogen: Der Trucker entscheidet maßgeblich mit, welcher Bock gekauft wird. Deshalb wird ja er gechallengt und nicht der Spediteur, der die Party bezahlt.

Große Ideen, gepaart mit Stringenz bei der Umsetzung und zielgruppengerechter Inszenierung des Produkts, sind besser als ein großes Budget, und die Strategie ist immer irgendwie neu und ganz anders. Ganz abgesehen davon fühlen sich Lastwagenfahrer beim gepflegten Pils am Lagerfeuer tendenziell wohler als bei sautierten Gambaschwänzen vom Flying Buffet. Je häufiger Liebhaber und Kunden auf die gute Art mit ihrer Marke in Berührung kommen, desto lieber und intensiver setzen sie sich mit ihr auseinander. Doch aufgemerkt, die hohe Frequenz allein reicht dafür, dass es so kommt, nicht aus. Regelrechtes Involvement, die wirklich aktive Auseinandersetzung mit der Marke, gibt es nur dann, wenn sie außerdem einen bedeutsamen Beitrag zur Lösung eines akuten Problems des Angesprochenen leistet.

Das geht mir auch schon so. Ich kann den weißen Fisch an weißer Soße in den Konferenzhotels nicht mehr ab.

Der Mensch geht laufen, um fit zu bleiben oder fit zu werden. Fitness und eine gute Figur gehören zu den gesellschaftlichen Idealen unserer Zeit. Oftmals bringt man dafür viel Disziplin auf, aber wo bleibt der Spaß? Genau hier setzt Nike mit dem fancy designten und angemessen sehr teuren Laufschuh Nike Flyknit Racer mit der dynamischen Flywire-Technologie für die personalisierte Passform und den sicheren Halt an. „Joggen tut weh und die Motivation zum Dauerlauf fällt schwer." Diesen Customer-Insight erkennt Nike als Hauptproblem des Hobbyläufers – und packt die potenzielle Klientel da, wo es noch viel mehr weh tut: am Stolz. „Lauf mit uns!", fordert man die Follower auf und streut über die Nike+ Running-App und das digitale Bewegungstracking-Gadget Nike+ Fuelband wieder und wieder Salz in die So-wird-das-nix-mit-dem-Halbmarathon-Wunde: „So weit bist du heute schon gelaufen ..."; „So viele Kalorien hast du eben verbrannt ..."; „Leute, die schneller laufen als du, haben diese Playlist bei Spotify ...". Das in Kleidung, Smartphone und Armband eingebaute Über-Ich gibt keine Ruhe. Man muss all das nicht mögen, jedoch kann man sich allmählich nur noch dann als vollwertiges Member of the Crowd derjenigen, die technologisch immer ganz vorn mit dabei sind, fühlen, wenn man zum Joggen elektronische Hilfsmittel nutzt.

Ich höre samstagmorgens an der Isar den Piepmätzen beim Piepen zu. Muss ich jetzt eine Strafrunde drehen?

Die nylon- und pixelgewordene griechische Siegesgöttin ist allzeit mit uns! Nike will gewinnen, das ist der Markenkern. Und sie will, dass ihr Träger gewinnt. Übersetzt in die Sprache der Werbung: „Du gewinnst nicht Silber, du verlierst Gold." Vor dem Hintergrund ist es nur konsequent, mit den sogenannten Wearables den Wettkampf zwischen den Kunden anzufeuern. Die digitalen Accessoires wie Armbänder und Uhren soll man Tag und Nacht tragen, dann informieren sie einen selbst und die anderen am besten über den Status bei der Leibesertüchtigung: Bin ich besser als meine Peers? Wie muss ich trainieren, um sie zu überflügeln? Die Tools messen und speichern alle Aktivitäten und erlauben es Nike, mehr als bloß ein Nebeneffekt, Potenziale für Verbesserungen zu erspüren. Das spült in Beaverton, Oregon, wertvolle Informationen in die Big-Data-Kiste und Nike wird mehr und mehr zum ständigen Begleiter besonders konsumaffiner und kaufkräftiger Menschen. Die Forschung zur Tangibilisierung, der Greifbarmachung von Dienstleistungen, zeigt, dass erfolgskritische Faktoren wie Einstellung, Lebendigkeit und Loyalität umso positiver ausfallen, je häufiger der Kunde physischen

Niemand hat auf die Teile gewartet, und bald geht es nicht mehr ohne. Würden die mir auch beim Isargrillen die Pilsbiere reinzählen?

Kontakt mit dem Unternehmen und dem Angebot hat. Positives Verstehen wird durch Greifen signifikant verstärkt. Die besten althergebrachten Alltagsbeweise sind die christlichen Devotionalien Rosenkranz und Kreuzkette. Sie machen Glauben dinglich. Indem Gläubige sie in die Hand nehmen, wird die Nähe zu Gott und der Kirche besonders spürbar.

Das sind klerikale Wearables, bloß analog.

Auch die weltliche (Be-)Greifbarmachung von Eindrücken und Überzeugungen stützt die Hypothese, dass Anfassbares die Markenstärke positiv beeinflusst: Wer den scheckkartengroßen roten Lederanhänger am Rollkoffer von Rimowa hat, ist total visible – Lufthansa-Vielflieger mit Senatorstatus. Damit ist die gemeinhin so ferne Welt des Vielfliegers auf einmal fass- und vorstellbar. Solche Leute chillen am Airport in der Senator-Lounge, während sich die Sparbrötchen am Check-in um die wenigen Sitzplätze mit etwas mehr Beinfreiheit in der Eco streiten. Sie steigen vor allen anderen ein und sitzen ganz vorn. Da heben sie zwar nicht viel früher ab, aber sie können das Fußvolk, das nach hinten durch muss, betont preziös in Augenschein nehmen. Mit diesem Anhänger weht es sich stolzerfüllter durch die Hotellobby. Er ist das Symbol schlechthin für gesellschaftlichen Status. Es gibt Typen, die ersteigern ihn für 50 Euro bei Ebay – und biegen nach der Gepäckkontrolle nicht breitschultrig nach links Richtung Senator-, sondern gramgebeugt rechts in die Business-Lounge ab. Das ist wahrlich ein bedeutsamer Unterschied und sie werden auf vielfliegertreff.de ordentlich gebasht.

Ich brauche das nicht mehr. Bin mit meinem chefigen St.-Moritz-Anhänger an der Paul-Smith-Ledertasche schon eine Runde weiter.

Dabei sind die wahren Bewunderten heutzutage diejenigen, die weder fliegen noch fremdschlafen müssen.

Von denen, die mit ihrem alten Anhänger auf Ebay ihr Vielfliegertaschengeld aufbessern. Leute, Leute …

Noch tangibler ist die Centurion-Karte von American Express. Sie macht noch eindeutiger klar, worauf es beim Reisen – weit über Abfahren und Ankommen und Essen, Trinken und Schlafen hinaus – ankommt: das mehr als nur symbolhaft dinglich werdende einzigartige Erlebnis. Wer in Venedig abends die Bellinis in Harry's Bar damit zahlt und am Morgen danach den Superior Room im Hotel Cipriani, ist der Held in der

Check-out-Schlange; nicht nur gern gesehen, auch gern gehört: Plastikgeld schnippt so plastikhaft auf den Tresen, nur die Centurion klingt so vollmundig metallisch, wenn man sie elegant-feingeistig auf den polierten Edelechtholztresen setzt. Sie ist ein handgefertigtes Unikat aus Titan. Angenehm kühl in der Hand, erinnert sie den Besitzer bei jedem Bezahlvorgang daran, dass er auf der Leiter der finanziellen Möglichkeiten nicht oben, sondern ganz oben angekommen ist. Amex verliest die Kandidaten für die Centurion von Hand und lädt sie höchstpersönlich ein. Zum Dank für dieses Vorschussvertrauen lassen die Besitzer sie ordentlich glühen – der durchschnittliche Jahresumsatz liegt bei über 500.000 Euro. (Da fällt die Jahresgebühr von 2.000 Euro nicht ins Gewicht.)

Ob Centurion-Besitzer mit der ordinären Plastikkarte weniger ausgeben würden, ist den gewöhnlich gut informierten Henkels & Berndts nicht bekannt. Dafür der ungebremste PR-Effekt: Hochglanzmagazine berichten wie wild über die schwarze Wunderkarte, ganz nah am Unternehmer und in seiner Welt der materiellen Genüsse. So bekommen Zahlungsströme ein Gesicht – und damit diejenigen, die sie steuern. Mehr als das machen sie bei Amex im Grunde nämlich nicht. Auf diese Art und Weise werden sie so gefühlig erlebbar wie die ganzen B-to-C-Produkte, an die man beim Stichwort Erlebnis immer noch zuerst denkt.

Das geht in jeder Branche, mit jedem Produkt und jeder Dienstleistung. Nicht zu fassen, dass man das im B-to-B immer noch so anders sieht.

So einfach ist empfänger- statt absenderorientierte Kommunikation.

Ich mag die Art, wie du denkst.

EINFACH ...

EMOTIONAL

- Kreativität ist planbar und messbar. Stimmig eingesetzt, verpackt sie rationale Vorteile und sorgt dafür, dass der freie Wille nur ein gutes Gefühl ist.
- Die Aufmerksamkeit des Kunden kann gezielt geweckt und gelenkt werden. Mentale Abkürzungen bereiten das Feld und steigern den Umsatz.
- Verkaufen ist ein Spiel der Emotionen. Wer clever handelt, bekommt, was er will, und lässt keine Verlierer zurück.

Emotionalität wird in Markenbildung und Marketing mit ausgelebter Kreativität geschaffen. Was so einfach klingt, ist so schwierig zu meistern. Es liegt vor allem daran, dass Kreativität ein dehnbarer Begriff ist – was den einen beflügelt, ist für den anderen kalter Kaffee. Dabei gehört der Geschmack in die Küche und nicht in die Meetingräume, wo die Daumen sich heben oder eben senken. Außerdem gelingt es den wenigsten Menschen, auf Knopfdruck wirklich kreativ zu sein. Da ist es gut, dass es hierfür Gesetzmäßigkeiten und damit Werkzeuge und Planbarkeit gibt. Man muss die Regeln kennen und sie anwenden, dann ist ein gutes Stück des Weges hin zur geplant empfundenen Sinnlichkeit aufseiten der Angesprochenen schon gegangen. Nützliche Kreativität verpackt rationale Argumente dermaßen, dass beim Konsumenten Begehrlichkeiten entstehen. Sie meint seinen Kopf und spricht sein Herz an. Dort sitzt bei ihm der Buy-Button; und wird der gekonnt und für alle Sinne gedrückt, kauft er.

Nein. Sie entsteht erst, wenn die Kreativität es schafft, das Gegenüber richtig betroffen zu machen, und damit involviert und aktiviert. Kreativität allein ist Keks und Schokolade.

Noch weniger gelingt es ihnen, auf Knopfdruck rational zu sein. Emotionen treiben unser Handeln; das ist und bleibt so.

Werbung beeinflusst die Menschen, das ist die brutale Wahrheit. Da ist es beruhigend, dass sich Topwerber bei ihrer Arbeit genauso beeinflussen lassen, mithin mit den Konsumenten im selben Boot sitzen. Der britische Zauberkünstler und Mentalist Derren Brown, seit seiner TV-Serie Mind Control auf Channel 4 weltberühmt, veranschaulicht das, was man vorhersehbare Kreativität nennt, mit einem Experiment: Er beauftragt zwei kreative High Brainer bei einer renommierten Londoner Werbeagentur damit, in maximal 30 Minuten Plakate für eine Firma für Tierpräparation zu gestalten. Seine eigene Idee dafür legt er in einem verschlossenen Umschlag auf den Schreibtisch. Als die Zeit um ist, zeigen die Werber ihren Vorschlag: Ein großer Bär spielt Harfe, unten rechts steht das Logo aus Engelsflügeln und der Slogan: „Animal Heaven – The Best Place For Dead Animals". Im Vergleich dazu der Entwurf von Brown aus dem Umschlag: links ein Bär mit Harfe, etwas kleiner und viel süßer als der von den Werbern,

Ist der weltberühmt oder nur auf Channel 4 weltberühmt?

im Hintergrund das Eingangstor zu einem Zoo, rechts der Firmenname „Creature Heaven" unter dem Logo aus Engelsflügeln, dazu der Slogan „Where The Best Dead Animals Go". Woher kommt diese verblüffende Ähnlichkeit? Vor dem Briefing lässt Brown die Kreativen im Taxi durch London fahren und setzt sie ganz unbewusst ganz bewusst arrangierten Eindrücken aus. Da ist der Wolkenkratzer mit der Fassade, die aussieht wie aus Eisenstäben, der Londoner Zoo, eine Gruppe von Schülern mit Harfen auf den Pullovern, das Schild vor einem Club mit der Aufschrift „Where The Best Dead Animals Go", außerdem Engelsflügel und die Worte „Creature Heaven" auf der Tafel vor einem Coffeeshop. Und der große ausgestopfte Bär.

„Priming" sagt die Forschung dazu: Starke inhaltliche und sinnliche Impulse beeinflussen unser Denken und Handeln über einen längeren Zeitraum. Wie der Ohrwurm, der einen nicht loslässt.

Die banalen Prozesse zu kennen, mit denen bei Gestaltern genauso wie bei Konsumenten Emotionen und Kreativität ausgelöst, beeinflusst und gesteuert werden, ist gut. Noch besser ist zu wissen, dass entsprechendes Vorgehen allein noch keinen Umsatz macht. Nur wer wirklich was zu bieten hat, hat nämlich was zu sagen – und kann dann das, was es ist, geplant und voller Umsatzabsicht kreativ und damit emotional verpacken. Das Ergebnis, das zum einen mit dem richtigen Angebot und zum anderen mit der richtigen Botschaft erzielt wird, nennen wir geplante Aufmerksamkeit. Ist sie geschaffen, gilt 1+1=11, und damit ist der Effekt tatsächlich viel mehr als die Summe der Bestandteile. Das produziert Mehrwert. Allerdings wird es immer schwieriger, in dieses Stadium zu kommen und das zu erreichen: Da heutzutage alle nur noch durcheinanderplappern, sterben die Zuhörer aus. Jeder ist so gern Sender, auf allen Kanälen, und keiner will mehr der Empfänger sein. Darüber sind die wertvollsten Tugenden der Kommunikation – aktiv zuhören und beredt schweigen – aus der Mode geraten. Deshalb ist das einzig Wahre wichtiger denn je: genau beobachten, wertschätzend zuhören, abgewogen aufeinander eingehen. Und zwar schon beim Anbieten und nicht erst beim Verkaufen.

Im Marketing ist strategisches Schweigen heute Gold, ein starkes Instrument. In dieser lauten Welt lässt uns ein Moment der Ruhe aufhorchen. Derjenige, der ihn uns verschafft, kriegt unsere Aufmerksamkeit.

Wir müssen das neu lernen. Damit nicht länger alle sinnlos „Find mich gut!" und „Kauf mich!" brüllen und allen ist das irgendwie egal. Für das eigene Vorankommen ist es besonders wichtig, anderen wieder echte Beachtung zu schenken. Wer es tut, ist wirklich vorn. Produkte und Angebote sind dann wieder attraktiv und interessieren wirklich. Sie bekommen Aufmerksamkeit, und die ist – nachdem die Jahrzehnte des ungebremsten Schneller-höher-weiter vorbei sind – die härteste Währung des 21. Jahrhunderts. Clevere Unternehmen haben mit ihren eher leiseren, dafür fundiert abgewogenen und zielgerichteten Tönen das wirklich profilierte Gesicht in der Menge. Wer zuhört, den erhört man gern. Das begründet die Emotionalität auf beiden Seiten, die es heute braucht und die wir meinen.

Das kommt von „Achtung", und die ist – ganz unwissenschaftlich – das Allererste, was Unternehmen Menschen entgegenbringen müssen.

Wir meinen nicht so etwas wie die Chose mit der Président-Meersalzbutter – „mit echten Meersalzkörnern". Mag alles sein, dass sie „in einem kleinen Dorf in der Normandie hergestellt" wird; „ihre besondere Form, die an einen kleinen Hügel erinnert … den handwerklichen Traditionen der französischen Butterherstellung" entstammt; „durch die Verwendung von bester Sahne und echten Meersalzkörnern … diese Butterspezialität ihre geschmeidige Konsistenz und ihren unnachahmlichen Geschmack" erhält; „die unverwechselbare Frischeglocke, die obendrein noch richtig praktisch ist", ein echter Blickfang auf jedem gedeckten Tisch ist; diese schnittfeste Milch sich „dank des integrierten Serviertabletts" am Tisch ansprechend anrichten lässt. Doch wieder mal bleiben alle Fragen offen. Wir haben diese an den französischen Milchindustriekonzern Lactalis mit seinen 75.000 Mitarbeitern und 17 Milliarden Euro Umsatz: Wie stellen Sie sicher, dass keine unechten Meersalzkörner in die Président-Meersalzbutter geraten? Wie bemessen Sie, ob und wann ein umgestülptes Plastikgefäß ein echter Blickfang auf jedem gedeckten Tisch ist? Wie steht es um ungedeckte Tische? Wie kann es sein, dass Sie einen Plastikuntersetzer mit einem Serviertablett verwechseln?

Wurschtegal, für den Kaufimpuls reicht das Bild im Kopf. Brandung ist hier Branding. Bei Mymuesli zählt auch keiner nach, ob alle Nüsse drin sind wie geordert.

Haben wir es hier etwa mit werblicher Überhöhung zu tun? Wir vermuten: ja, und schicken nos compliments nach F-53089 Laval. Dort schaffen sie es, aus einem Commodity-Produkt (auf Deutsch: Allerweltsware) etwas zu machen, bei dessen Bild im Kopf wir die ungestüm rauschende Brandung des Ozeans im Gehörgang haben, dem sie in den Schweißen ihrer Angesichter bei Winden und Wettern diese echten Meersalzkörner abringen, und die Gänsehauthärchen gehen wohlig in Stellung bloß bei dem Gedanken, dass die Gastgeberin an diesem schönen Tisch beidreht mit dem Serviertablett ... Kurzer Rede langer Sinn: Mehr Kreativität geht nicht. Ob sie zielführend ist? Wir hätten da so gern unsere Zweifel. Nur: Zum Tango gehören immer zwei – die einen machen es, die anderen lassen es mit sich machen. Es gibt erschreckend viele Butterkäufer, die sich von Président am Mopro-Kühlregal führen lassen. Sie zahlen für 250 Gramm environ deux Euros. Die gute Deutsche Markenbutter in dem Papier, bei dem man sich immer die Finger verschmiert, kostet unter einem Euro, allerdings ohne all die Features – und ohne das Bild im Kopf von der bretonischen Brandung, in der sie sturmerprobt diese Meersalzkörner ...

Oh, là, là! Bei mir lösen Brandung und Salz alles Mögliche aus, aber nichts mit Butter. Meggle und Berchtesgadener Land funken einfach zu stark dazwischen.

Wer weiß, wie man Emotionen auslöst und für sich nutzbar macht, hat einen Vorsprung. Kreative Kellner, die zur Rechnung ein Stückchen Schokolade reichen, bekommen einer Untersuchung zufolge durchschnittlich 14 Prozent mehr Trinkgeld. Beschenkte Gäste sind, was ihre Geberlaune angeht, hochgedimmt und deshalb spendabler, und sie ahnen es beim Mehrgeben nicht einmal, erkennt der Initiator der Studie, der amerikanische Psychologe David Strohmetz. In gehobenen Boutiquen gibt es zur Anprobe einen Espresso oder ein Wasser. Wer sich derart bezirzt fühlt, kauft gern – und gern mehr. Noch wichtiger: Die Preisverhandlungen fallen dann milder aus. Es geht vielleicht um einen Nachlass, aber nicht um Rabatt. Das ist immer noch eine Stadt in Marokko, und da soll sie, sagen die Verfechter der unbeugsamen Preispolitik, auch bleiben.

Gut so, aber man muss auch wissen, wann Schluss ist: Beim Friseur kann ich das Tässchen Kaffee mit den Händen unterm Poncho und der Schere an meinen Spitzen einfach nicht genießen.

Kreative Preisgestalter sorgen dafür, dass die Kaufentscheidung leichter fällt: Wer im Duty-free-Shop unentschlossen vor den Batterien mit den auf den ersten und auch auf den zweiten Blick völlig austauschbaren Kognak- und Whiskyflaschen herumrätselt, fällt gern dem „Chivas-Regal-Effekt" zum Opfer: Marketingleute machen aus falsch positionierten Ladenhütern echte Bestseller, indem sie die Positionierung so lassen, wie sie ist (alles andere macht Mühe), und den Preis ordentlich anheben (macht keine Mühe). Chivas Regal, so die Legende, ist erst beliebt, als man ihn spürbar teurer macht. Jemand, der – grade bei Mitbringseln für sich selbst wie für die Lieben daheim – unsicher ist, kauft zur Sicherheit das teurere Produkt. Der hohe Preis verursacht die schöne Vorstellung von den glänzenden Augen der Genießer, denen man den echten Chivas Regal offeriert. Die will der edle Spender bei seinen Gästen an der Hausbar sehen. Der emotionale Zusatznutzen dieses einen Getreidedestillats: You will never get blamed for offering a Chivas Regal. Der ist immer richtig, geschäftlich wie privat; man bezeugt damit Weltläufigkeit und Kennerschaft. Bloß keine Experimente!

Das ist überall so: Geldbeutel schlägt Weltmännischkeit, Stil und Geschmack. Würdest du dich mit einem Rum nach Hause trauen, der nicht Havana Club heißt? Dabei ist Zuckerrohrschnaps Zuckerrohrschnaps …

Gutes hat halt seinen Preis. Wir stellen diese bewährte Faustregel nicht infrage. Je mehr Auswahl es gibt, und die tendiert gefühlt gegen unendlich, desto mehr orientieren wir uns am Preis. Das ist nur allzu menschlich. Er gibt Orientierung und wird als Nachweis von Qualität wahrgenommen. Wie ein geschickter Verkäufer den Kunden zu einem teureren Kauf als geplant bewegt, bei dem der sich sogar ausgesprochen gut fühlt? Ganz einfach: Der Kunde fragt nach einem schönen Hemd für um die 60 Euro. Um einen Ankerpunkt für wahre Qualität zu setzen, zeigt der Verkäufer erst einmal mit großer Geste das Hemd von der angesagten Marke aus dem schmiegsamen Material und mit dem unbestrittenen Cutting-Edge-Design für 180 Euro. Sie streichen über den Stoff, er fühlt sich fein und wertvoll an. Das teure Teil liegt einfach schweinegut in

Das liest sich ja wie Samt und Seide, Herr Pilcher. Derjenige, dem solche Einkaufserlebnisse vergönnt sind, kauft auch morgen noch im stationären Handel.

„WAS MACHT BÜHLER EINFACH MARKANT, HERR BÖNDEL ?“

Es gibt Firmen, mit denen kommt fast jeder Mensch auf der Welt irgendwie irgendwo irgendwann in Berührung. Jeden Tag, sogar mehrmals täglich, eher indirekt und ziemlich effektvoll. Die Produkte dieser Firmen machen es erst möglich, dass der Mensch sich fortbewegt, kleidet, ernährt. Aber die Autos heißen ganz anders, die Modelabels auch – und die Brote sowieso. Von dem, was drinsteckt, weiß man nicht viel. Es genügt, wenn das Auto fährt, das Hemd sitzt, das Brot schmeckt.

Bislang wird in der Welt der Marken strikt getrennt: auf der einen Seite die für die Endkunden, „Business-to-Consumer“. Die müssen sexy sein, um im Kampf um die Aufmerksamkeit des Konsumenten zu gewinnen. Auf der anderen Seite die Halbfabrikatehersteller, Komponentenlieferanten, Anlagenbauer – low-interest, „Business-to-Business“. Solange da Qualität, Verfügbarkeit und Preis stimmen, passt das schon. Doch diese Denke ist Vergangenheit. Die so schlichte wie erhellende Erkenntnis: Auch dem Vertriebsmitarbeiter solch einer Firma sitzt ein Mensch gegenüber, wenn verhandelt wird! Dieser Einkäufer hat nicht nur klare Vorstellungen, sondern auch Gefühle und spürt, was der Anbieter noch drauf hat außer preislich konkurrenzfähig sein: Begeistert er ihn, abseits der so überzeugenden Kilowatt, Tonnagen, Körnungen? Gibt er ihm on top das gute Gefühl, seine Herausforderung mit vollem Einsatz bestmöglich lösen zu können? Wenn beides stimmt, das Faktische wie das Emotionale, sagt das Einkäuferherz dem Einkäuferkopf besonders gern, er soll der Einkäuferhand sagen, sie soll unterschreiben. Selbst wenn dieser Anbieter auf den ersten Blick gar nicht der allergünstigste nicht.

Die Marke zu emotionalisieren, die Technik und das Know-how einzubetten in einen sinnhaften, emotionalen Kontext ist Kern des „Brand Evolution Projekts", das der Schweizer Konzern Bühler durchführt. Ziel ist, die Marke inhaltlich und visuell zu modernisieren, frischer und freundlicher zu machen. „Bühler hat sich in den vergangenen 15 Jahren fundamental vom Technologieunternehmen zum Lösungs- und Serviceanbieter entwickelt", sagt Burkhard Böndel, Leiter Corporate Communications bei dem Maschinen- und Anlagenbauer in Uzwil, Kanton St. Gallen. Diesen Wandel reflektiert die Marke noch nicht – bis die neue Identität weltweit umgesetzt wird.

Der gelebten Markenpraxis bei den Kunden kommt das sehr zupass: Unternehmer sind stolz darauf, dass in der Werkshalle die Gerätschaften ihrer Lieblingsmarke stehen. Das fördert auch den Stolz der Mitarbeiter, ihre Motivation an der Maschine und die Leidenschaft und Akribie, mit der sie an die Sache rangehen. „Wir haben Kunden", sagt Burkhard Böndel, „die streichen ihre Halle in Bühler-Grün, vor allem in Asien und Afrika." Er will, dass es viel mehr Geschichten dieser Güteklasse gibt, und forciert eine Markenkommunikation, die auf Inhalte und Storytelling baut. Dafür reist er, genau wie seine Teammitglieder, und schreibt auf, was man sich erzählt. Zum Automobilzulieferer Pierburg nach Deutschland, wo sie auf Bühler Aluminiumteile für Drosselklappen und Pumpen gießen. Und zu Veronesi nach Italien. Da machen sie in feiner Wurst und feinem Schinken, stellen das Futter für die Tiere selbst her und kontrollieren penibelst dessen Qualität. Die Erzählebene hier: wie der Padrone himself auf den

Besuch aus der Schweiz zueilt, die Kundenzeitschrift von 1954 am Mann, und ruft: „Schau mal, da bin ich drauf!" Die Sachebene: wie sie bei Veronesi, während das Futter pelletiert wird, mit dem Hygienisierungssystem von Bühler die Bakterien sicher abtöten. Futtermittelsicherheit bedeutet Tiergesundheit bedeutet Fleischsicherheit bedeutet Verbraucherschutz. So schlüssig und stringent ist der Erzählstrang. Und so herum interessiert das, was Bühler kann, jeden, der Fleisch isst.

Wer in Indien tagsüber Weizen auf einer Anlage von Bühler mahlt, soll beim Abendessen spüren, dass sein Hamburger-Brötchen mit hoher Wahrscheinlichkeit aus diesem Mehl gebacken ist. Wer in China auf Bühler-Maschinen Motorblöcke aus Aluminium gießt, soll wissen, dass etwa jedes zweite Fahrzeug in diesem Riesenreich mit einem solchen ausgestattet ist. Wer in der Schweiz Schokolade produziert, soll beim Verkosten eine Note Bühler schmecken: Smartchoc ist das „kompakte Produktionssystem für Schokoladen- und Compoundmassen". Es conchiert, mahlt die Kakaobohne derart fein, dass der Confiseur am Gaumen seiner Kunden ganz groß rauskommt. „Bühler inside!" – es steht nur nicht drauf. Diese große Marke hat ihren Anteil daran, dass man Kellogg's, Nestlé, Volkswagen, BMW und Barilla als große Marken wahrnimmt. Wenn man darum weiß, bekommen Walzstühle und Sortieranlagen, Beschichtungsanlagen und Conchen mehr Relevanz. Und sie kriegen – wie die Absackwaagen und die Aluminiumdruckgieß- und Reispoliermaschinen – ein profiliertes Gesicht.

So weit die Theorie zur Wirkkraft starker Industriemarken. Henkel & Berndt sagen, die Praxis ist genauso: Lieblingsmarken gibt es im privaten Alltag genauso wie im Job. Hier sind es McDonald's, Chiquita, Lindt. Dort ist es Bühler, wenn es nach Herrn Böndel geht. Die Anziehungskraft soll noch viel deutlicher rüberkommen; in dem Bewusstsein, dass Hard Facts wie Technologie, Präzision und Langlebigkeit nach über 150 Jahren mit heute rund 11.000 Mitarbeitern nur die eine Seite der Medaille sind. Jetzt zu dem, wo es Potenzial gibt: von Produkten und Services zu Lösungen und Prozessen; von der bloßen Information zu emotionalen Vorstellungswelten. Die Frage im Kundenmagazin danach, „wie wir neun Milliarden Menschen nachhaltig ernähren können", stellt das Kopfkino an. Es folgen dort visionäre Statements, vom CEO Grain & Food, dass es „eine Revolution im Ernährungssystem" braucht, und von der Nutrition Programme Managerin, dass man dafür „gemeinsam mit dem Kunden neue Produkte, beispielsweise mit einem besseren Nährstoffprofil" entwickelt. Zum Schluss kommen die Innovationen dafür, mehr Menschen ernähren zu können: Hochleistungswaage, Flockierwalzwerk, Vertikalschleifer. Früher kamen Stahl, Gummi, Optoelektronik und Hightech zuerst, das war dann gleich die ganze Story.

Der Extruder zum formgebenden gleichförmigen Herauspressen dickflüssiger Massen unter hohem Druck und hoher Temperatur hat das Zeug dazu, so markant zu sein wie BMW und iPhone. Je mehr das mit der Zeit gelingt, desto mehr Leute gibt es, für die Auto und Handy Nebensache sind. Aber nicht, wer diesen einen Schneckenförderer liefert, der all ihre Wünsche auf einmal erfüllt. Sogar Consumermarken schielen rüber – Herr Böndel schwärmt davon, dass ein führender kalifornischer Smartphonehersteller vom kollaborativen Innovationprozess bei Bühler schwärmt: „Die wollten, dass unser CTO nach München kommt und ihnen das zeigt." Der Kollege fuhr mit Freude. „Zum Verständnis neuer Geschäftsmodelle", sagt der Markenchef, „braucht es vor allem das gute Markenverständnis, als Basis allen Handelns." Das stimmt: Wer weiß, wofür die Firma antritt, versteht auch, weshalb man hier nicht in Maschinen, sondern in den Anwendungen des Kunden denkt und ihn entsprechend berät. Dann kommt der Schokoladenhersteller zuerst zu Bühler, wenn es ganz neue cremegefüllte Hohlkugeln geben soll im Sortiment. Sie ziehen sich zurück in die Versuchschocolaterie und innovieren, bis die Maschinenbauer rankönnen: ein Unikat planen, bauen, installieren. Weiter denken als der Kunde, so soll es sein. Wenn eine Mühle in Nigeria sehr erfolgreich Getreide mahlt und das Mehl an Bäckereien absetzt, kommen informierte und motivierte Bühler-Leute darauf, mit dem Kunden die Schnittstelle dorthin zu schaffen, wo er das Brot gleich selbst backt – und seine Wertschöpfung erhöht.

Gelebte Identität schafft Bestätigung, Zusammenhalt, Einheit. „Wir haben gemerkt, dass das Unternehmen der Marke um Jahre voraus ist", sagt Herr Böndel, „dabei sollte die Marke doch die Möhre sein!" Damit das wieder so ist, innovieren sie die Bühler-Persönlichkeit. Bewährte Treiber bleiben erhalten – der Anspruch „engineering customer success" und die Vision „innovations for a better world". Vieles andere ist neu, semantisch zeitgemäß, schlägt die Brücke zur Zukunft. Das Ergebnis muss einiges auf einmal können: „Sprachlich scharf sein, visuell ansprechen, Kernbotschaften transportieren. Es geht nicht um Entweder-oder, sondern darum, das Technische einzubetten ins Emotionale." Es geht um emotionally embedded technology. Sie schaffen es kollaborativ, mit vielen Diskussionen im Projektteam. Es ist eine kleine Runde, weil Markenbildung nicht demokratisch ist. Die zentralen Ebenen und Sparten sind vertreten, Produktion, Vertrieb, Regionalleitung, Marketing; und die Automation, weil auch entscheidend sein wird, wie sich das neue Bühler-Verständnis dort niederschlägt, wo man mit ihm in besondere Berührung kommt: auf dem Bedientableau. Die Runde ringt um jedes Wort, anknüpfend an vorherige Befragungen zu Ist und Soll, und Markenbildungsprofis feuern sie von außen an. Da geht es auch um einen der etablierten Leitsätze: „We never walk away." Was so positiv gemeint ist, nämlich dass man bei Bühler niemals vor einem Problem davonrennt, kommt inzwischen eher negativ rüber: „Mit uns wird eine Herausforderung einfach nicht so groß, dass man überhaupt auf den Gedanken kommt, wegzulaufen!" Der neue Satz heißt deshalb: „We are your partner for lifetime."

In solchen Runden, wenn wirklich Markantes entsteht, wird eines sicher nicht: abgestimmt. Stattdessen fragt Herr Böndel immer dann, wenn es zum Schwur kommt: „Wer würde sein Veto einlegen?" Das zahlt sich aus im flüssigen Vorankommen, knackigen Ergebnis und breiten Commitment. Dann wird es farbiger bei Bühler, mehr als früher, aus der neuen Marke wird das neue Marketing. Das Design muss anders werden, nicht revolutionär anders, aber doch moderner und maßgeblich mit gewährleistend, dass die Marke wieder die Möhre ist. Die Entwicklung mit der Agentur läuft, natürlich, kollaborativ: Zu den Gestaltungssessions alle 14 Tage schleppen die Gestalter ihre Rechner und die großen Bildschirme einfach mit, „ganz hands-on, und alle reden mit". So pragmatisch ist wirkungsvolles Kreiseziehen – so wenig Marke wie nötig, schnell so viel Marketing, Design und Output wie möglich. An Tagen wie diesen kommen nachmittags um fünf alle zusammen und die Verantwortlichen in den Weltregionen per Skype dazu: „Was sagt ihr?" Und: „Wer würde denn sein Veto einlegen?"

Es führt zu stilbildenden Elementen, Farben, Formen. Sie sind breit akzeptiert, als wichtigste Voraussetzung für das tiefe Durchdringen des Unternehmens. Es führt zu Magazinen und Broschüren, einer Website und der großen Videowall im Headquarter, die alle eines leisten: Qualität und Tradition, Aufbruch und Innovationsführerschaft emotional verpackt und leichtfüßig konsequent zu spielen. In der Fachanzeige ist der Platz für die Maschine jetzt deutlich kleiner, der für die Lebenswelt der Menschen, denen sie eine sichere, planbare Existenz ermöglicht, viel größer. „Bei uns kommt das Runde immer ins Eckige", sagt Herr Böndel. Deshalb haben zentrale Abbildungen drei runde Ecken und eine eckige, gut für die Zuordnung und die Wiedererkennbarkeit. Und es führt dazu, dass im Geschäftsbericht die opulenten Geschichten hinter den Geschichten dominieren – von Maral in Teheran, sie nennen sie die „Just do it!-Lady", die Bühlers Wege in Iran bereitet, und von Steven in Minneapolis, der seine

Ausbildung nach dem Bühler-Training-Modell macht. Das, was sich so ergibt, ist „the perfect match“. Solch Nahbares, Sinnliches sticht zuerst ins Auge, dann die bestechenden Geschäftszahlen.

Wie stellen sie in Uzwil sicher, dass das Neue lebt? „Wir machen den Kollegen in Mini-Betriebsversammlungen deutlich, dass sie auch an der Marke bauen, wenn sie an der Maschine bauen.“ Das Erlebbarmachen darf ruhig etwas dauern, „Bühler hat kein Identitätsproblem“, lieber evolutionär vorgehen. Adäquate Arbeitskleidung gehört dazu, die man gern trägt, garantiert ohne gesticktes Logo am Kragen: „Eine Lady, die von sich behauptet, sie ist eine Lady, ist keine Lady.“ Burkhard Böndel redet Klartext, das passt zu dieser Welt. Das Neue wird erlebbar, wenn alle Marketingverantwortlichen monatlich darüber konferieren, was beim Evolutionieren schon gut läuft und was noch nicht so ganz. Sie adaptieren vieles landestypisch selbst. Und wenn es Fragen gibt, gibt es die Marken-Taskforce von Herrn Böndel – neun Kommunikations-Gatekeeper, ziemlich schlanker Headcount für diese große Aufgabe. Jetzt kommt das Produktdesign. Und die Corporate Architecture: Mit der Zeit sollen die Büros und Hallen nicht nur durch das Bühler-Grün, sondern auch ansonsten weltweit gleich erkennbar machen, in welcher ganz besonderen Welt man sich dort bewegt. Außerdem wird die digitale Transformation der Prozesse sicherstellen, dass jedermann überall bei Bühler sofort weiß, was man bei Bühler alles weiß.

So stringent wie hier geht all das nur, wenn Markenführung vor allem auch eines ist: Chefsache. Die Inhaberfamilie sagt Ja zum Wandel, und der CEO Stefan Scheiber räumt dem Thema auf den Top-Führungskräfte-Seminaren Zeit ein. Wenn da oben alles verstanden ist und sie es nach unten durchleben, trifft es auf das neue Verhalten, das sich an der Basis bildet und nach oben pulsiert. Idealerweise, dafür sorgen sie bei Bühler vor, deckt sich beides und wird es gemeinsam immer noch ein bisschen markenadäquater.

Wie kann man sich als Streusandbehälterhersteller nennen wie eine Krebstherapie?

Anfassen nicht mal mit Plastikhandschuhen. Wenigstens heißen sie inzwischen Cemo.

Jedes übliche Wording wäre auch nicht markenadäquat runtergebrochen auf diese wichtige Marketingmaßnahme.

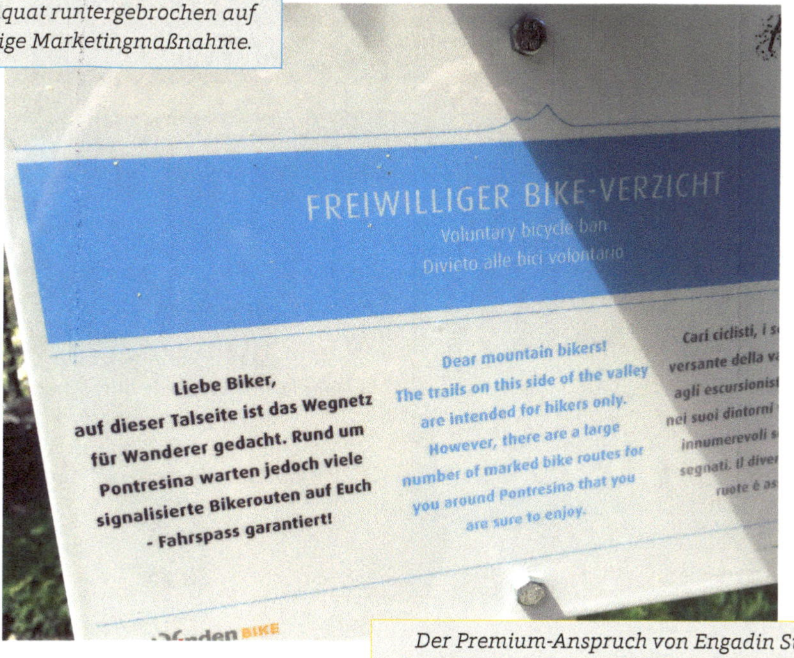

Der Premium-Anspruch von Engadin St. Moritz manifestiert sich in den Kleinigkeiten, bis hin zum Corporate Wording für Bikerschilderbetexter.

Weird world: Du kaufst einen Waschvollautomaten und kriegst bis zu 400 Euro zurück. Heißt „Cashback" und kommt aus den USA.

Immerhin lerne ich, dass Panasonic auch Waschmaschinen baut. Waschkompetenz? Die stehen doch für Unterhaltungselektronik.

EINFACH …

MUTIG

- Mutig ist, wer Konventionen infrage stellt und sich konsequent dagegen auflehnt – mit einem ganz anderen Angebot.
- Wer es jedem recht machen will, macht es niemandem wirklich recht. Markenführung heißt Differenzierung, auch indem bestimmte Zielgruppen ausgeschlossen werden.
- Die Differenzierung liegt nicht zwingend im Produkt. Mut zum Anderssein kann auch im Vertriebskonzept oder in der Tonalität der Kommunikation zum Ausdruck kommen.

„Eine Brille ist eine vor den Augen getragene Konstruktion, die in den überwiegenden Fällen als optisches Hilfsmittel Fehlsichtigkeiten und Stellungsfehler der Augen korrigiert und als solche Korrektionsbrille oder auch Korrekturbrille genannt wird." So das Standardorakel von Wikipedia. #welike! Wer im Brillenbusiness so denkt, designt, handelt, verkauft, macht die Rechnung ohne den stilbildenden Berliner Hipster und seine kleinen Geschwister in der Provinz. Die begreifen die Brille zuerst als modisches Ausdrucksmittel, dann als Sehhilfe. Korrigiert wird durchaus die Fehlsicht, aber vor allem das Gesicht, in Richtung GQ und Topmodel. Ein nachvollziehbarer Zugang, wie wir finden: „Der allererste Eindruck, den ein Mensch hinterlässt, ist sein Gesicht", sagt der Psychologe und langjährige Herausgeber der Zeitschrift Psychologie Heute, Heiko Ernst. Es erzählt die Geschichte einer Persönlichkeit, berichtet von ihren Taten, ist Ausdruck ihres Temperaments und ihrer Gefühle. Da macht es Sinn, für die neue Brille mehr Zeit und Budget einzuplanen als für die neue Jeans. Was bei Sonnenbrillen schon länger gilt, gilt zusehends auch bei Korrekturbrillen. Marke und Design machen immer mehr den Unterschied: „Wow, ist das eine Mykita? Echt cool!" Die Brillenschlange ist nicht mehr Augenarztpatient, sondern designaffiner Gesichtsveredler mit besonderer Sehkraft.

Ich sage ja auch immer, der Mensch hat ein Gesicht wie eine Marke.

Wie gehen traditionelle Optikerketten wie Fielmann und Apollo-Optik mit dem neuen Typus Kunde um? Gar nicht. Sie bieten überall die schnelle, gute Qualität zum sauberen Preis. Das geht besonders gut mit standardisierten Produkten und Prozessen – rein in die Filiale, ran an die Verkäuferin, raus das Rezept, Schubladen auf und zu, zuzahlen oder auch nicht, fertig. Gut für den Pragmatiker, nicht für den Hipster (wer fühlt sich nicht gern als solcher?). Der will was Besonderes und weiß nicht so recht, wie das aussieht: „Anders halt, stylish, unique, Sie wissen schon ..." „Gar nichts weiß ich!", denkt die Sehhilfenhändlerin und schickt

Und genervt und überfordert sein, weil a) alles vor lauter Beliebigkeit eine Brillensoße ist und b) die martialische Diebstahlsicherung das Anprobieren der teuren Modelle so freudlos macht. Erlebnis geht anders.

den Typen an die großen Wände und die Drehständer. Der nimmt gegebenenfalls schreiend Reißaus und landet bei – Viu.

Die Schweizer begeistern mit selbst designten Brillen. Sie werden in Italien handgefertigt und ausschließlich online verkauft. Bis hierher noch nicht allzu atemberaubend. Einzigartig ist das Verkaufskonzept: Obwohl es die Brillen nur im Netz gibt, investiert man massiv in physische Standorte in Toplagen. Der Flagship-Store in Zürich erinnert eher an eine Kunstgalerie als an einen Optiker: Rohes Mauerwerk, Designer-Systemwände mit den Gestellen und das ausgebuffte Lichtkonzept versprühen avantgardistischen Industriecharme. Großflächige Massivholz-Stehtische in der Mitte laden ein zum Probieren und Vergleichen, vor allem zum Diskutieren mit anderen Kunden. Hier treffen sich die Early Adopter, erleben die Trends und teilen die Action gleich on location. „Viu versteht sich als Modelabel mit Optikkompetenz, nicht als Optiker mit Fashionkompetenz", sagt Gründer Kilian Wagner. Die Anderspositionierung macht den Hobby-Hipster an. Um sie zu leben, gibt es in jedem Laden neben dem Store-Manager und dem approbierten Optiker noch jemanden: Der Community-Manager sorgt dafür, dass der Lifestyle pulsiert und modische Accessoires statt Sehhilfen verkauft werden. Gekauft wird immer online, gleich am Tablet-PC des Verkäufers oder von daheim. Die Brille kommt dann wahlweise in den Store oder nach Hause.

Nennen die die Sehhilfengestelle denn noch „Gestelle"? Und warum heißen Hilfsmittel in der Orthopädie immer noch „Hilfsmittel"? Abtörn!

Das genaue Gegenteil von Mister Spex im Internet. Die beiden rahmen die breite Mitte der Normalo-Optiker richtig schön ein.

Weil der interessierte Großstädter weiß, dass Viu an attraktiven Standorten in Deutschland, Österreich und der Schweiz coole Treffpunkte hat, an denen er seinesgleichen trifft, haben die Stores magnetische Wirkung auf genau diese eine hochaffine Zielgruppe. Da machen sie das, was der Experte Omni-Channel nennt: Der Kunde entscheidet, wo die Interaktion beginnt und wie er den Kaufprozess, seine Customer-Journey, gestaltet. Er kann daheim online loslegen, wählt dann offline im Store aus und kauft schließlich online. Er kann auch alles im Netz oder alles im Store

Das liegt auch an den kompetitiven Preisen von Viu: kein Zwischenhandel, keine Lizenzgebühren an Guccisanderhilfiger, keine großen Lager in den Läden.

erledigen. Besonders wichtig: Der Wechsel zwischen den Kanälen ist immer und ohne Reibungen und Brüche möglich, weil in allen Kanälen auf dieselbe Datenbasis und dieselbe Entscheidungslogik zugegriffen wird. Diese No-Line-Philosophie (zwischen den Kanälen gibt es keine Grenzen) macht Viu attraktiv und convenient und das langweilige Produkt Brille innovativ und attraktiv.

Immer mehr Leute nehmen ihre Mykita oder Viu mit Fensterglas. Neue breite Zielgruppe der gesamten Branche: alle.

Mutig ist, wer Andersartigkeit erkennt, zulässt und lebt. Der Markteintritt der Schweizer bringt auch Leben auf die Flächen von Fielmann, Apollo-Optik und den anderen traditionellen Ketten. Sie werden verstärkt mit der Zeit gehen – allerdings, hoffen wir, ohne die Hipster nachzuahmen. Das ist gut so, denn auf jeden Viu-Jünger kommen Hunderte Traditionalisten. Die wollen keine Inszenierung und Interaktion immer und überall, sie posten auch keine Selfies mit dem neuen Teil. Weil es so verschiedene Zielgruppen gibt, ist es für die großen wie für den kleinen Anbieter erfolgskritisch, die kontrastierenden Bausteine ihres jeweiligen Geschäftsmodells über die Positionierung trennscharf herauszuarbeiten: Viu ist Mode mit Optikkompetenz, die großen Ketten stehen für Optik mit Massenkompetenz. Dem informationsüberladenen Kunden hilft diese klare Trennung dabei, sich intuitiv für einen Anbieter und damit gegen alle anderen zu entscheiden.

Die Großen sollen bloß bei ihrer Reihenhausmentalität bleiben. Die Kundschaft tut es ja ganz überwiegend auch.

Mut führt zu Klarheit führt zu Polarisierung. Nur wer auf der einen Seite klare Ablehner hat, kann auf der anderen Seite echte Fans haben. Wer das nicht schafft, geht unter im Ozean der Gleichförmigkeit und der Langeweile. Tinder macht auch vor, wie das geht: Da gibt es keine Jein-Sager, nur echte Liebhaber und konsequente Verweigerer. Es handelt sich um eine Dating-App, die Menschen miteinander verkuppelt, nicht mehr und nicht weniger. Wer dabei ist, gibt das Statement ab, amourösen Eventualitäten gegenüber nicht gänzlich abgeneigt zu sein. Daran ändert auch nichts, dass Tinder so krampfhaft das Thema Freundschaft spielt, also nur Freundschaft und sonst nichts anderes, um aus dieser Ecke rauszukommen. Die App gibt Bescheid, wenn passende Mitglieder in der Nähe sind. Man sieht Bild, Nickname und Alter, mehr erst mal nicht. Sofort muss die Entscheidung her: Lieber nicht – nach links wischen; her damit – nach rechts. Ein Vielleicht gibt es nicht, auch keine zweite Chance für lieber doch rechts statt links. Wenn zwei Herzblattkandidaten beim jeweils anderen nach rechts gewischt haben, geht der Chat-Kanal auf. Diese niederinstinktige Herangehensweise ist oberflächlich; zögerlich oder mutlos ist sie aber nicht. Beim Erstkontakt setzt Tinder auf die Entscheidungslogik, die im Menschen seit Urzeiten verankert ist: Optik schlägt Inhalt. Bevor wir uns mit den inneren Werten beschäftigen, muss zunächst unsere Aufmerksamkeit gewonnen werden. Das geht mit visuellen Reizen, bei Menschen genauso wie bei Autos und Pullovern. Tinder spielt das meisterhaft. Es ist diese Kombination aus maximaler Radikalität, Einfachheit und Unverbindlichkeit, die das Ding so populär macht. Jetzt oder nie, zum Zögern ist das Leben in der digitalen Welt zu kurz! Wer trotzdem mehr Zeit braucht, für den gibt es Parship und Elitepartner.

Tinder sollte brutal ehrlich sein: „Bei uns geht es um Sex!" Erst dann bringen sie den relevanten Customer-Insight, den sie so gut herausgearbeitet haben, ultimativ auf den Punkt.

Der Mut zum markanten Auftritt geht ziemlich oft Hand in Hand mit dem Mut zum echten Unternehmertum. Es gibt Fälle, da erkennen Mitarbeiter und Kunden etablierter Marken Missstände, die den Führungskräften noch gar nicht aufgefallen sind. Oder sie wollen sie nicht wahrhaben, weil sie sich in einem behäbigen Mix aus eingefahrenen Strukturen und Tunnelblick verstrudeln. Da gehen eben die Mitarbeiter und die Kunden ran, entwickeln nebenbei flexible, neu gedachte Alternativen zu Althergebrachtem – und bringen sie anschließend bei vollem Risiko auf den Markt. Marc Benioff ist so einer: Er macht Marketing und Vertrieb bei Oracle, als er darauf kommt, Betriebswirtschafts-Software in der Cloud zum Mieten anzubieten. Die zündende Fragestellung aus Kundensicht, also der Customer-Insight: „Warum soll ich Software kaufen und mit großem finanziellen und personellen Aufwand fest in meine bestehende IT-Infrastruktur integrieren, wenn ich sie auch aus der Luft holen kann und zahle, solange ich sie brauche?" Bei Salesforce.com, so heißt die Firma von Herrn Benioff, braucht man für mehr als 100.000 Kunden nur ein zentrales Speichermedium. Es ist über Zugangsberechtigungen so reguliert, dass jeder Kunde immer auf seine, nie jedoch auf andere Daten zugreifen kann. Der Vorteil: Daten können auch mobil abgerufen werden, ohne Verbindung zur hauseigenen IT. Die Firma ist weltweit die Nummer 1, die größten Wettbewerber sind Oracle und SAP.

Wobei Herrn Benioffs Kundengewinnungsphilosophie echt sportlich ist: knallharte Vorgaben, engste Führung, massiver Gruppendruck. Hat das Image von Keulentruppe.

Mit dem Firmennamen macht Salesforce Stärken und Nutzen sofort klar. Damit ist die Vertriebsmannschaft des Anwenders genau dort schneller, flexibler und eindeutiger, wo all das zählt – an der Schnittstelle zum Kunden. Das schafft Kundenzufriedenheit und -loyalität. Der Verkäufer im Sportgeschäft sagt dem Kunden mit einem Blick aufs Handy, ob der bestellte und sehnlichst erwartete Laufschuh vor genau drei Minuten wohlbehalten hinten im Lager eingetroffen ist oder wegen des dichten Verkehrs hochgerechnet noch 28 Minuten braucht. Die Einfachheit des Leistungsversprechens drückt sich auch im Logo aus: eine Wolke und der Firmenname, der so etwas bedeutet wie „Verkaufsmannschaft". Macht dem Interessenten glasklar: „Alle Daten, die genau du in genau diesem Moment brauchst, sind genau über dir. Du musst sie dir nur greifen." Hier passen die Bedürfnisse und die Technologie, um sie zu befriedigen, optimal zusammen. Henkel & Berndt sagen: Respekt!

Da sind die wie Uhu, so eine Art Allesverkaufspower.

Wie wohltuend! Endlich mal kein austauschbarer Name wie Movendo, Davando, Egalero ...

Bei innerbetrieblichen Prozessen hat, was die verknüpfte Abwicklung sämtlicher Geschäftsprozesse angeht, SAP die Nase vorn. Hier greift man auf über Jahre gesammelte Informationen zu, die auf dem hauseigenen Server liegen und an den Arbeitsplätzen jederzeit zugänglich sind. Dafür dauert bei denen die Abfrage im Sportgeschäft, ob die lila-blassblauen Treter in 46 am Lager sind, deutlich länger, weil zuerst die Verbindung zur Zentrale stehen muss und dafür die diversen Firewalls immer wieder neu überwunden werden. Der Chef von Salesforce Deutschland, Joachim Schreiner, erkennt die Leistungen des viermal größeren Konkurrenten neidlos an: „SAP hat im Backoffice seine Stärke, unsere liegt im Frontoffice." Damit ist das allermeiste klar gesagt und SAP in deren Kernkompetenzen angreifen will man auch nicht dringend. Ganz einfach: Wer die Leads optimieren und die Kundenzufriedenheit steigern will, nimmt Salesforce. Und wer Prozesse optimieren und Kosten sparen will, geht zu SAP. Klare Ansage: Lieber top in einem Bereich als in vielen mittelmäßig. Die klare Kante sorgt für jährliche Wachstumsraten im höheren zweistelligen Prozentbereich. Herrn Benioff macht das so selbstbewusst, dass er „das Ende der Software" voraussagt. Milliardenschwere mutige Zukäufe von SAP im Segment Cloudcomputing deuten darauf hin, dass die Karten in der Branche tatsächlich neu gemischt werden.

Das bewahrt auch den unternehmerischen Biss beim Streben danach, die Marktführer mit dem eigenen Kerngeschäft einzuholen.

Communication totally at the painpoint of the Umzugs-kistenschlepper: Die stellen die niedrigste Ladehöhe als USP heraus, sonst nichts.

Da ist sogar das grottige Design totally sausage!

EINFACH …

GLAUBWÜRDIG

- Die stärkste Strategie ist in the long run nur eine: die Wahrheit zu sagen und alles andere einfach wegzulassen.
- Kunden vertrauen zunächst auf das Gute im Anbieter. Je öfter sie allerdings enttäuscht werden, desto misstrauischer werden sie – schlecht für alle.
- „Wer nicht mit der Zeit geht, geht mit der Zeit." Das gilt besonders für diejenigen, die vorgeben, etwas zu sein, was sie gar nicht sind.

Immer wieder erstaunlich, was Kunden alles mit sich machen lassen, bevor sie sich abwenden in Richtung Konkurrenz. Und was die Unternehmen alles dafür tun, das ihnen seitens der geschätzten Kundschaft geliehene Vorschussvertrauen zu verspielen. Wenn wir manchmal auf dem Mäuerchen der gemeinsamen Wahl so chillig beisammensitzen und die Beine baumeln lassen, sprechen wir drüber, dass man denken könnte, Marketing geht so: Jeder versucht, jedem alles zu verkaufen. Egal wie, Hauptsache, raus mit dem Kram. Wenn die Wahrheit dafür ein bisschen gedehnt werden muss – sei's drum. Der Kunde vergisst schnell, grade angesichts all der brutalstmöglichen Aufdeckereien in den Medien (Sägespäne im Joghurt, Frischmilch ist nicht frisch, Kalbsleberwurst kann Spuren von Kalbsleber enthalten; Autos haben komische Software, Unternehmer verhalten sich wie Unterlasser, Gutachter sollten Schlechtachter heißen etc.), den gedehnten Wahrheiten in der Werbung (mit Red Bull kann man gar nicht fliegen!) und der Rückrufe von all dem Zeugs, das nicht so performt wie versprochen. Da will der Verbraucher nur eins: geistige Entlastung und weniger mitkriegen von all dem. Also Ohren zu und fröhlich weiterkonsumieren.

Geht aber nicht. Es bleibt immer was hängen, im Unterbewusstsein ganz bestimmt, und das nimmt Einfluss auf die nächste Kaufentscheidung. Produktmanager und Marketeers wissen, dass Vertrauen und Glaubwürdigkeit die wichtigsten Faktoren bei Präferenz und -loyalität und, für sie am wichtigsten, beim Weiterempfehlen sind. Dennoch machen große Unternehmen Sachen, die gibt's gar nicht: Autos werden üblicherweise, was den Energieverbrauch angeht, in eine von acht Effizienzklassen eingeteilt. Von A+ (sehr effizient) bis G (wenig effizient), farblich abgestuft von Dunkelgrün bis Dunkelrot. Da kriegt man auf einen Blick mit, was man mit dem neuen Chrom-Blech-Glas-und-Gummi-Haufen seiner liebsten Wahl der Umwelt zumutet. Und weil der Volkswagen Phaeton in der 4,2-Liter-335-PS-Benzinmotor-Variante mit 290 Gramm CO_2-Ausstoß je Kilometer so wahnsinnig schlecht abschneidet und bei der Energieeffizienz so was von in der untersten Klasse G stattfindet, erfindet Volkswagen kurz mal eine neunte Klasse – H. So kommt der Phaeton auf den hübschen Effizienzschaubildern in den technischen Datenblättern im Internet eben nicht ganz, sondern nur fast ganz unten vor. Das ist ein Riesenunterschied in der Wahrnehmung und den Kommunikationsprofis in Wolfsburg diese Sünde wert. Der Kunde darf sich sagen: „Okay, mein neuer Wagen bläst zwar einiges raus, aber es geht ja noch schlimmer. Es gibt noch größere Umweltsäue als mich, da bin ich mit meiner Wahl gewissenstechnisch doch eigentlich ganz gut dabei."

Wie traurig. Wirkungsvolles Marketing baut eine integrierende nutzenstiftende Plattform für Unternehmen und Kunden auf. Bei VW wissen sie das ganz genau, aber Gier und Arroganz fressen immer wieder Herz und Hirn.

Sportlich seitens Volkswagen, sagen Henkel & Berndt. So was kommt garantiert immer raus, und mühsam über Jahre aufgebautes Vertrauen geht binnen Tagen verloren. Ist auch so: Die Deutsche Umwelthilfe mahnt Volkswagen wegen irreführender Werbung ab und fordert eine Unterlassungserklärung. Der Sprecher der Mauschler weist den Vorwurf der bewussten Verbrauchertäuschung entschieden zurück und bemüht als Schuldigen den Fehler im Computersystem, in tragischer Kombination mit menschlichem Versagen bei der Kontrolle. Die Umwelthilfe hält das für genauso kreativ wie das Erfinden einer weiteren Effizienzklasse aus Versehen.

Einzig richtiges Vorgehen bei aufgeflogenen Mauscheleien: gleich alles zugeben, und zwar ganz oben, sich der Kritik öffentlich stellen und nachvollziehbare Konsequenzen ziehen. Der mündige Verbraucher erwartet das zu Recht.

Es stimmt, die Marke ist immer das, was man hinter ihrem Rücken über sie erzählt. Wir erzählen dieses Vertrauensverschleuderungsschmankerl hier (das mit der Dieselschummelei erzählen kann ja jeder) und wundern uns darüber, mit was für kruden Ideen sich gut ausgebildete und gut bezahlte Profis so aus den Meetingräumen raustrauen und dass sie, jetzt kommt's!, sie sogar wahr machen. Dabei sollten grade die Profis wissen, dass immer alles rauskommt, rasend schnell. Da müssen die

Herrschaften Wahrheitsbieger & Dehner endlich wieder wissen und spüren, dass Unternehmen nicht nur aus Menschen und Produkten bestehen, sondern vor allem aus der Kultur gemeinsamer Werte. Diese zeigen sich in Regeln und Ritualen und vor allem im täglichen Handeln auf dieser Basis. Es gibt ethische Werte (Vertrauen, Zuverlässigkeit, Aufrichtigkeit …) und ökonomische Werte (Reputation, Imagegewinn, Leistung …). Wer darum weiß, für den ist ein altes, starkes, unglaublich kraftvolles Wort hochaktuell: tugendhaftes Wirtschaften. Tugenden sind gelebte Werte. Nur wer Werte hat und sie glaubwürdig lebt, hat über kurz oder lang die Nase vorn beim Kunden.

Stark, weil ganz ohne Anglizismus. Wer so kommunizieren kann, kann auch so handeln – echt und ehrlich.

Verrückt, dass selbst vollkommen unkritische Verbraucher tief in sich drin mehr als bloß ahnen, wie all das produziert wird, was bei ihnen auf den Tisch kommt: industriell. Und dass trotzdem im Werbefernsehen die kittelbeschürzte dunkelhaarige Schöne in der Backstube steht, über die Maßen kokett den Holzlöffel bemühend, die frisch gehackten Haselnüsse in die frisch gerührte Schokocreme einstreuend, gegen Ende ihres vollkommen manufakturellen Produktionsprozesses die Wäffelchen so aufeinanderpresst, dass die mit ordentlich Schmeckolin verfeinerte Creme schön bis an den Rand kommt. Und dass das beim Verbraucher funktioniert! Das fertige Dings heißt seit über 50 Jahren Hanuta. Die Hamburger Verbraucherzentrale weiß, dass die Mamsell auf diese Art und Weise am Tag um die 130 Schnitten hinbekommt und dass das 18,20 Euro Beitrag zum Umsatz von Ferrero beisteuern täte oder 5.004 Euro pro Jahr. Deshalb machen es die Ferreristi lieber ohne sie und voll automatisiert. Immerhin: Die Mutti im Spot von Landliebe, sagen die Verbraucherschützer, schafft von früh bis spät auf ihre händische Art 480 Portionen Pudding, würde werktäglich sogar 360 Euro Umsatz machen. Damit steht sie zwar besser da als die Haselnusslady, aber Friesland-Campina kommt mit dieser Methode nie und nimmer auf die zwölf Milliarden

Schockierend! Das wahre Drama ist aber, dass die Hamburger Zahlenmichel ausrechnen, wie viele Schnitten die Fernsehdruse täglich übers Blech zieht. Wer zahlt das denn?

Erlös im Jahr. Also raus aus der Landküchenidylle und rein in die Fabrik!

So was funktioniert, weil hier die Kunstform der Groteske fröhliche Urständ feiert. Wir schmunzeln und inhalieren die Botschaft, statt uns kopfschüttelnd wegzuducken. Die Geschichten sind dermaßen an den Haaren herbeigezogen, dass sie uns die wahre Freude sind, mithin die 30-Sekunden-Flucht aus dem durchdeklinierten Alltag fernab jeglicher Hier-bin-ich-Mensch-hier-darf-ich's-sein-Rückzugsorte. Sie revitalisieren das innere Kind in uns, das in den langen Jahren seit der Kindheit verschüttgegangen ist: Was die elterliche Erziehung nicht geschafft hat, haben Schule und Ausbildung geschaffen, und den Rest erledigen die Erwartungen und das Miteinander in der Arbeit. Kindlich sein verboten – und das obwohl so viele Leute in der Firma sich immer so kindisch verhalten. (Was ein Buchstabe doch für einen Unterschied macht!) Was wäre, wenn es wirklich so wäre wie in der Werbung? Da könnte ich mir doch ein bisschen was von diesem verlorenen gegangenen Glücksgefühl kaufen! Voll ins Herz, und der Kopf muss mal draußen bleiben … Die Werber wissen um all das ganz genau und Wissenschaft und Marktforschung bestätigen es. Bei um die 15.000 Euro für 20 Sekunden Werbung im ZDF knapp vor 20 Uhr muss alles sitzen: der Impact, der Buy-Button, den sie beim Zuschauer aktiviert, und der spürbar steigende Umsatz pennytags darauf.

Der Psychologe nennt das Eskapismus, Realitätsflucht, und verwendet den Begriff meist negativ. Ich sage: Wenn Marketing ab und zu hilft, den Alltag zu vergessen, ist das durchaus positiv.

Solche Geschichten sind deshalb so gut, weil wir uns sehnsüchtig wegwünschen von Handy und Facebook und wieder mehr Zeit fürs mußevolle Nichtstun haben wollen. Aber das geht nicht, wie früher wird es nimmermehr. Deshalb geben Ferrero und Campina uns die Illusion, dass wir mit dem Genuss von Hanuta und Landliebe ein Stückchen davon zurückkriegen, und wir geben uns ihr so gern hin und kaufen uns das gute Gefühl. Diese Art von Glaubwürdigkeit funktioniert, weil sie so unglaubwürdig ist.

Ich finde nichts Negatives dabei, dass uns der Schluck Nespresso zu George Clooney aufs Riva-Boot am Comer See beamt. Lebbe ist schon ernst genug. Christiane Sadlo, mir besser bekannt als Inga Lindström, schreibt auch bloß Lach- und eben keine Sachgeschichten.

Herz schlägt Birne – und sagt der Greifhand, wo sie ganz gezielt hinlangen soll im Supermarktregal. Liebevoller Schwindel also, keine dreiste Lüge. (Wieso eigentlich nicht?)

Blöd, dass die Ratio den Verstand verliert, wenn die Rotstiftpreise kirre machen: „Final Sale!“ „Garantiert der beste Preis!“ „Günstiger wäre geschenkt!“ Um dem umworbenen Kunden die Angst zu nehmen, dass genau dieses eine Habenwill-Produkt woanders zu anderer Zeit womöglich billiger zu kaufen ist, gibt es die sogenannte Bestpreisgarantie: „Sollten Sie das Produkt irgendwo billiger finden, erstatten wir Ihnen die Differenz zum Kaufpreis.“ Oder so ähnlich. Wie geil ist das denn? Das nehm ich! So eine Art eingebaute Schnäppchengarantie, sie vermittelt das so wichtige Gefühl von Sicherheit. Auf den ersten Blick ein besonders faires Angebot, auf den zweiten ein Tool von vielen. Bestpreisgarantien führen oft sogar zu höheren Preisen – weil der Anbieter dann schnell mal 330 Euro statt der realistischen 300 Euro für den Fernseher verlangt (das gute Gefühl auf Käuferseite ist allemal 30 Euro mehr wert) und weil die Marktbegleiter gleich nachziehen und mit ihrem Preis ebenfalls nach oben gehen (dorthin, wo der Garant des Bestpreises sich mit seinem Angebot ansiedelt). Noch interessanter: Kein Anbieter senkt seinen Preis nur deshalb, weil der Konkurrent eine Bestpreisgarantie auf dasselbe Produkt gibt. Dadurch bleibt nämlich der Anreiz bestehen, dort zu kaufen.

Gut analysiert, mein lieber Profiler. Aber wo unterscheidet sich Media Markt vom Wochenmarkt? Da macht sich auch keiner die Mühe, die Hülsenfruchttarife zu vergleichen.

Das Bestpreisdings greift am besten bei größeren Investitionen. Fernseher, Computer, Haushaltsgeräte. Besonders die Deutschen, auch die Österreicher und die Schweizer gelten als preissensibel (vulgo: geizig). Da kommen Euro und Franken lange vor der Qualität. Einschlägige Berater empfehlen den Händlern gern, mit solchen Garantien zu arbeiten; grade wenn es sich um kleinere Anbieter handelt, weil man den günstigsten Preis gemeinhin nur dem Großmarkt zutraut. Dass ein Käufer zurückkommt und den Beweis dafür vorlegt, dass das Gekaufte irgendwo

Da zeigt sich die Kraft der präzisen Sprache: Wir Mitteleuropäer lieben starke Worte, die Rechtssicherheit suggerieren. Eine Luxusuhr ist auch erst wirklich etwas wert, wenn sie „garantiert limitiert“ ist.

anders billiger ist, kommt so gut wie nie vor. Dafür macht das Vergleichen zu viel Mühe. Außerdem ist es so schwer, die unendlich vielen Typen und Konfigurationen gegeneinanderzuhalten, auch weil oftmals zwei Geräte völlig gleich aussehen und ganz anders heißen. Tritt der Fall der Fälle tatsächlich ein, ist das, was man nach langem Schlangestehen und noch längerem Argumentieren zurückbekommt, schnell teurer als das Parkticket. Dabei interessiert all das Faktische keinen; es zählt die vermeintliche Sicherheit, auf keinen Fall zu viel zu bezahlen. Dies auf Kosten von Transparenz und Vertrauen: Was ist der „beste Preis" noch wert, wenn er nicht der beste ist?

Expedia.de, Lindner Hotels, Bauhaus und Hunderte andere geben immer noch die Best- oder Tiefpreisgarantie, und das Internet ist voller handgegrafikter Siegel und Stempel. Saturn und Media Markt sind schon weg davon. Sie haben erkannt, was Henkel & Berndt postulieren: Wer ein gutes konkurrenzfähiges Angebot hat, braucht solchen Schmarrn nicht. Er verlässt sich lieber auf seine Stärken, anstatt vorsorglich auf eine vermeintliche Schwäche beim Preis hinzudeuten, bei der, für den Fall der Enttarnung, vorgebaut ist. Am eklatantesten ist in diesem Zusammenhang das Glaubwürdigkeitsproblem bei Immobilien. Die Zauberworte sind hier „Vermietungsgarantie" und „Mietgarantie", jeweils für ein paar Jahre. Wer seinem eigenen Produkt derart misstraut, dass er sie in der Schlacht um den Käufer als Verkaufswaffen einsetzen muss, hat schon verloren; dann, wenn der Interessent erkennt, dass eine wirklich gute Immobilie immer vermietbar ist und eine ordentliche Rendite erzielt, und wenn er in der Lage ist, die Zukunft auf die Gegenwart zu projizieren: Wer mietet dann und zahlt wie viel, wenn die Garantiezeit rum ist? Außerdem sollte er wissen, dass für die Kosten, die aus einem solchen Versprechen herrühren, nur einer aufkommt – er selbst. Zwar zahlt der Verkäufer, wenn die Wohnung leer steht oder nicht die Miete bringt, doch das ist eingepreist in den zu hohen Kaufpreis, den

Und hält sich auf Vergleichsportalen raus, so gut es geht: Wie unabhängig mag das Immobilienfinanzierungsportal Interhyp sein, wenn es der ING Groep, einem der führenden Immobilienfinanzierer, gehört?

der Käufer ob der beruhigenden Versprechen bereit ist zu zahlen. Bei Immobilien zählen drei Dinge: Lage, Lage und Lage. Glaubwürdig ist nur derjenige, der beim Anpreisen nachvollziehbar hierauf abzielt oder eben, bei einer 1b- oder sogar 2c-Lage, ganz ohne nasführende Luftnummern den Preis von Anfang an dort einpendelt, wo er hingehört.

Sogenanntes Himalajasalz ist Käse und da ganz viel Quark drin – im Namen. Erstaunlich, wie die Konsumenten, die am Samstagabend, wenn die Gitte und der Lutz zum Dinner kommen, was ganz Besonderes auf dem Lambert-Iittala-Rosenthal-gedeckten Tisch richten – eben dieses Salz, rosa getönt, weil eisenionhaltig, offiziell gewonnen im Salzbergwerk Khewra im pakistanischen Salzgebirge in der Provinz Punjab. Das ist roundabout 200 Kilometer südwestlich vom Himalajagebirge. Egal, der Name ist ein Hit, und das bisschen Gips, Sulfate und Kaliumchlorid neben dem ganzen Natriumchlorid da drin macht den Preis mehr als wett: 3,69 Euro für ein Kilo oder 9,90 Euro für zwei Kilo, vorzugsweise im Reformhaus oder gleich im Esoterikshop. Im Grunde ein Schnäppchen, verglichen mit der Fleur du Sel aus der Bretagne, der so beliebten Salzblume, an windstillen Tagen per Hand abgerahmt von der Meerwasserkrone, und so ein schönes Conversation-Piece für die Abende mit den Gittes und den Lutzens, Sommerurlaub und so. Das Landgericht Hamburg sieht die Bewerbung der Khewra-Ausbeute als irreführend und unlauteren Wettbewerb an, weil der dramatische Höchstgebirgsfilm, der im geschätzten Verbraucher bei diesem Begriff abläuft, in Wirklichkeit während des schnöden Tagebaus in einer weit entfernten sanften Hügellandschaft abgedreht wird.

Unglaublich, wie Herkunft den Preis treibt: Auf dem Oktoberfest legt man für den Liter Bier – viel Weiß und wenig Gelb – fast elf Euro hin. Und zwar mit einem Siegerlachen.

Saßen die Hanuta-Nachrechner nicht auch in Hamburg? Wann kümmern die sich da oben alle mal um Wichtiges?

Ist glaubwürdig immer das, was man dafür hält? Klar, und wenn es sich, mit Abstand betrachtet, um den größten Mumpitz handelt. Es wird sogar zum höheren Preis gekauft, was Discounter unter Labeln wie „Deluxe“, „Freihofer Gourmet“ und „Mein Fest“

anbieten. Das gaukelt besonders Feines vor, Handgemachtes, und kommt in Wahrheit aus derselben Produktion wie das standardmäßige, viel preiswertere Vergleichsprodukt. Okay, die Rezeptur ist hier und da etwas verändert, und für das Ergebnis versteigt sich die PR-Abteilung von Lidl zu so etwas: „Bei den Produkten unserer Qualitätseigenmarke Deluxe handelt es sich um ausgewählte Köstlichkeiten, die sich durch eine hochwertige Rezeptur sowie eine attraktive Ausstattung und Verpackung auszeichnen. Insofern ist dieses Sortiment nicht mit den herkömmlichen Produkten des jeweiligen Herstellers vergleichbar." Ganz unabhängig von der Prosa ist all das erlaubt, was grade noch nicht verboten ist – und was die Verbraucher mit sich machen lassen. Es könnte passieren, dass die Himalajasalzer zur milderen Einschätzung des CO_2-Fußabdrucks, den ihr Sonstwaschlorid auf dem Weg zu uns hinterlässt, eine neue Effizienzklasse erfinden. Dabei mag der gar nicht zu sehr ins Gewicht fallen: Ziemlich viel kommt, sagt Wikipedia, sowieso aus Polen. Diese Informationsquelle lehnen wir zwar strikt ab, nur: Wenn's wirklich so ist, kriegt man fernöstliches Glücksgefühl auf den Abendbrottisch, das sie in Nowa Huta sourcen, also transportökologisch optimiert. Das muss man erst mal hinkriegen!

Viel Schönfärberei, keine Frage. Allerdings sind die Packungen meist wertiger als die von herkömmlichen Eigenmarken. Das Auge, das immer mitisst, entscheidet am Regal nun mal ganz maßgeblich.

Es war und ist essenziell, dass Unternehmen und Persönlichkeiten, die einfach markant sein wollen, an der zunehmenden Mündigkeit und Aufgeklärtheit ihrer Kunden arbeiten, anstatt länger daran mitzuwirken, sie für dumm zu verkaufen. So schaffen sie die fruchtbare Anbieter-Kunde-Beziehung, die geprägt ist von konstruktiv-langfristiger Verlässlichkeit in beide Richtungen. Die wichtigste Zutat dafür ist, dass Angebote hundertprozentig glaubwürdig sind. Wer markt- und konkurrenzfähig ist, braucht nichts hinzuzudichten, zu verbiegen, schönerzureden, als es ist. Da loben wir uns die Commerzbank: kostenloses Girokonto (mit ein paar so realistischen wie erträglichen Spezifikationen) – und 50 Euro, wenn's nichts taugt (dito). Fertig. Die haben verstanden.

Es sei denn, das Hinzugedichtete macht das Angebot erst rund: Ohne die Bunte wäre Sylt nur eine Insel. Das weiß jeder und genau deswegen fahren da so viele hin.

Nur warum rennen die in den TV-Spots immer mit diesen grauen Kapuzen rum? Sehen ja aus wie die Bankräuber!

„WAS MACHT DAS HOTEL NEPTUN EINFACH MARKANT, HERR ZÖLLICK?“

Wer im Urlaub ans Meer will, aber sicher nicht nach Benidorm, zieht fürs Schlafen, Essen, Trinken vieles in Erwägung – nur kein Hochhaus mit 19 Stockwerken. Und wenn es das sogar gibt, vor Rostock direkt an der Ostsee, will er da lieber nicht hin; fünf Sterne hin, fünf Sterne her. Drei Etagen sind viel schöner, besser sogar nur zwei und reetgedeckt und mit viel Auslauf. Bettenburg passt einfach nicht zu Ferien, zu Manhattan vielleicht, aber hier ist Warnemünde!

Beim Hotel Neptun passt es doch. Wie kann das sein? In einem typischen Januar gibt es, steht in der Mitarbeiterzeitung, 1.553 „Zimmeranreisen“, also nicht neue „Paxe“, wie die Gäste im Tourismus heißen, sondern neu belegte Zimmer. Den Direktor Guido Zöllick freut solch eine Zahl. Abseits dessen, schreibt er, bleibt alles beim guten Alten: „Die uns umgebende Natur, die Hardware des Hotels, ja selbst das Wetter, alles sind für unsere Gäste nur flankierende Gegebenheiten während ihres Aufenthaltes im Hotel Neptun. Entscheidend für das Wohlfühlen, die Erholung, das Erlebnis und die Bereitschaft zum Wiederkommen ist die Qualität unserer Arbeit. Die haben wir selbst in der Hand! Diese muss zu jeder Zeit zu 100 Prozent und darüber hinaus stimmen. Verlassen Sie sich also nicht auf die guten Rahmenbedingungen, welche uns unstrittig umgeben, sondern sorgen Sie mit Ihrer täglichen Arbeitsleistung für die Grundlage unseres Erfolges." Auf geht's in den Frühling und dann in einen neuen starken Sommer. „Hardware", was für ein Wort. Es meint den ganzen Beton und das viele Glas, die Kühlhäuser und Weinkeller, Tische und Betten, die Massagebänke und die Meerwasserleitung ins Schwimmbad – und was sie auf ihre neptunöse Art daraus machen.

Viermal kriegt das Hotel nach der Wende neue Besitzer, bis Ostseefans zu gern ins Hochhaus fahren, wenn sie an die Ostsee fahren. Es liegt an der Lage, 150 Meter bis zur See, ruhig wie im Grab und, wenn man will, mitten in dem Leben, das zu Saisonzeiten tobt auf der geilen Meile zwischen Leuchtturm und Hotel. Daran, dass man von allen 338 Balkonen aufs Meer und auf den Strand schaut. Und am Thalasso-Zentrum im Hotel. Da lindert all das, was das Meer auf Lager hat, kleine und größere Beschwerden: Wasser, Boden, Algen, Luft. Und daran, dass man beim Frühstück ganz oben im Café Panorama die ganz kleinen Riesenschiffe sehen kann, wie sie aufbrechen nach Gedser und Danzig, New York und Göteborg. Über den Tag herrscht reges Treiben an der Kuchentheke, Hausgäste und Externe kommen, Eingeborene auch, Sanddorntorte und Schiffchengucken gehen immer. Wochenends legt hier oben abends jemand auf, Die Prinzen, Bonnie Tyler und so Sachen, dann sind die Getränke bunt; und wenn zu vorgerückter Stunde beim Stehblues alle innehalten und auf die eine Seite rüberstürzen, von ganz unten kommt buntes Hochzeitsfeuerwerk nach oben rauf, empfiehlt der Plattenleger direkt ins Mikrofon, ihm doch lieber in seine blauen Augen zu schauen, die davon erzählen, wie schön sie war, die Zeit, weil da draußen ist ja immer irgendwo ein Feuerwerk ...

Es liegt dieser gewisse, schwer empfindbar zu machende Luxus, der nicht aufträgt, in der Seeluft. Andernorts gibt es führende Häuser, da bemüht man sich zu schweben über den Hochflorperser, bloß die Dauerpietät nicht stören, und das Personal ist vornehmer als die Gäste. Das muss man sehr mögen. Im Neptun vertonen sie das Führende anders: gegenwärtig, volksnah, auf Augenhöhe, status- und allürenfrei, durchaus geräuschvoll. Unten im Haus ist, direkt an der Promenade, die Grillstube Broiler. Mein Gott, die heißt tatsächlich so! Gold-Hähnchen mit hausgemachten Pommes und hausgemachter Soße. Die Kombi rockt, Tisch reservieren nicht möglich. Man führt sich gern heran an dieses Haus, über Broiler, Kuchen, Disco und, zu gegebenem Anlass, ein Ragout vom Dobbertiner Damhirsch im Restaurant Dünenfein, Reservierung angeraten, bis, schließlich, ins eigene Zimmer für ein paar Tage, möglichst oben. Seeblick garantiert. Das Haus ist selbstverständlich, einfach da, wie immer. Es nimmt einem die Hemmschwelle, bevor sie entsteht. Es passt in eine Zeit, in der ostentativ zur Schau Getragenes wie aus ihr gefallen wirkt. Das führt dazu, dass Ur-Rostocker sich zum 50. Hochzeitstag hier einbuchen und mit der S-Bahn anreisen: Jetzt machen wir's! Genau das, was sonst die ganzen Zimmeranreisen aus den 122 Herkunftsländern machen.

Volksnah, klassenlos und dabei la classe in den Augen derer, die auf diesem Niveau den fruchtigen Umgang schätzen und pflegen. Es sind viele. Sie sorgen für obszöne 72 Prozent Auslastung und noch ein bisschen mehr, ungläubig beäugt in der Gastgeberszene. Wie machen die das bloß? Man mag annehmen, vor allem auch mit diesem Selbstverständnis: „Wir sind ein fröhliches Hotel. Wir verwöhnen unsere anspruchsvollen Gäste mit exzellentem Service, natürlicher Freundlichkeit, Aufmerksamkeit sowie Zuvorkommenheit und hoher Kompetenz." Für Guido Zöllick muss sein Haus so etwas sein, „wie mein Motorradschloss von Abus – verspricht Kompetenz und Qualität, hält besser und länger und gibt das gute Gefühl". Er trägt den Anzug von Roy Robson und das Hemd von Olymp. Das passt zu seiner Menschenmarke, die mit allem, was sie tut und lässt und ausstrahlt, vor und hinter diesem Haus steht. Ermenegildo Zegna und Dolce & Gabbana würden da nicht passen, weder zum Menschen noch zum Hotel. Herr Zöllick kauft bei Policke in Hamburg, Herrenausstatter, St. Georg statt Neuer Wall, zweimal im Jahr, alles auf einmal. Da geht's nach Statur und nicht nach Hosen- oder Hemdabteilung. Der Mann am Eingang sieht sofort, wo man hinmuss: Kleine Dicke bleiben unten, Herr Zöllick darf in den dritten Stock zu den vollgestopften Slim-Fit-Ständern. Von solch ganz anderen Konzepten erzählt er gern, das von Policke hat er von seinem Vater. Es differenziert so schön von all den anderen in Hamburg, Braun und Thomas-i-Punkt in der Mönckebergstraße und all denen, die klassisch beraten und verkaufen. Kann ja jeder.

Anders als die anderen will das Neptun auch sein, aber wohlsortiert statt überladen, immer mit Verstand und Sinn. Es ist nicht unbedingt so großzügig und modern wie andere, gebaut vor 50 Jahren, die Zimmer eher klein. Das Beste, was sie hier draus machen, ergibt sich aus all den eingelösten Kompetenz- und Qualitätsversprechen: persönliche Ansprache, viel Spaß am Miteinander, breite Vielfalt der Angebote. „Alle Leistungen müssen immer eindeutig als Neptun-Produkte erkennbar sein." Sie nehmen sogar Busgesellschaften, aber nur wenn die Gäste zwar organisiert anreisen, sich aber ansonsten frei bewegen wollen. Sie bedanken sich im Voraus „für formelle Kleidung am Abend und zu Festlichkeiten in unseren Restaurants & Bars". Und stellen einen Neptun-Gott aus Ton auf den Tresen im Dünenfein. Auf dem Schild daneben steht zu lesen: Hier ist Telefonieren nicht erwünscht. Man kann das Handy gern dem Ober geben, und er bringt es, wenn es klingelt, damit man mit dem Anrufer vor die Tür gehen kann. Dieses ganz besondere Angebot beansprucht zwar so gut wie niemand, doch damit herrscht beim Dinner neptunische Ruhe. Die fördert den Idealzustand, in dem man im Urlaub so gern ist: „Gelassenheit" kann der starke Markenkern für dieses Haus sein. Er macht den ultimativen Beitrag eines Unternehmens fest, den es zum gesellschaftlichen Miteinander leistet.

Es ist das, was „Freude" bei BMW und „Genuss" bei Lindt ist: Wer hier verweilt, erfährt Gelassenheit und wird gelassen. So etwas ist wesentlich in einer Zeit, in der man grade das immer mehr vermisst. Welcher Art ist sie hier ganz genau? Die Markenwerte beschreiben den Kern, legen ihn aus, übersetzen ihn, machen ihn griffig. Beim Neptun ganz vorn mit dabei: „hochwertig", „augenhöhig", „sinnvoll" – als die Gelassenheit, wie sie sie meinen.

Die eingängige Beschreibung dessen, was solch ein Haus ausmacht, ist vor allem dann so wichtig, wenn man nichts Anfassbares produziert – keine Fensterprofile, Teigwaren, Auspuffrohre. Da müssen die Dienstleistungen besonders fassbar sein, zuallererst für die Angestellten, um sie dann gemeinsam fassbar für den Gast zu machen. So sorgt jeder mit dafür, dass die schönste und wichtigste Kennzahl eines Beherbergungsbetriebes signifikant steigt: die Empfehlungsquote. „Unsere Mitarbeiter sehen das Hotel als ihr Produkt", sagt Herr Zöllick. Dafür ist der Zimmerservice nicht ausgegliedert und die Zimmerfrau wird nicht pro Zimmer bezahlt. Stattdessen ist Frau Voigt festangestellte, übertariflich bezahlte „Etagenunternehmerin", verantwortlich für ihr zwölftes Stockwerk. „Sie versteht sich als Gastgeberin und macht nicht bloß sauber, sondern nimmt sich vor allem Zeit für ein Gespräch mit dem Gast vor dem Aufzug." Das kann sie nicht nur tun, es ist ausdrücklich erwünscht. Mitarbeiter, die sich derart ernst genommen, informiert und motiviert fühlen, beherrschen die Disziplinen, die beim Erlebbarmachen einer Marke unabdingbar sind – Wissen, Wollen, Können –, und sorgen für die kleinen Erlebnisse, die das Urlaubserlebnis groß machen. Und weil sie nachvollziehen, was weshalb wie gemacht wird, gibt es die Sensation im Bad: Auch im Neptun klebt da der Aufkleber „Können Sie sich vorstellen, wie viele Tonnen Handtücher jeden Tag überall auf der Welt unnötig gewaschen werden?" Nicht zu fassen, die Etagengastgeberin lässt das Handtuch tatsächlich hängen, solange es nicht zum Austauschen am Boden liegt. Jetzt fühlt der Gast sich ernst genommen und ist motiviert, über das Besondere zu sprechen. Er wird zum externen Markenbotschafter und Empfehler, gern und unbezahlt.

Das wahre Markante ist immer das, was andere über einen sagen. Was wird wohl Horst Rahe sagen, der Eigner der Deutschen Seereederei, in deren Hotel-Holding das Hotel betrieben wird – über den Direktor und das, was er hier anzettelt? Guido Zöllick: „Dass wir hier wenig reißerisch arbeiten und wenig Tamtam machen um die Erfolge und die Missgeschicke. Er kann sich auf diese hanseatisch-konzentrierte Einstellung verlassen und darauf, dass die Sache aufgeht und wir regional verwurzelt bleiben und keine künstlich weltmännische Hotelszenerie schaffen." Kann man wohl sagen. Sie sind und bleiben erdverbunden und nicht spießig, sind schon gar kein Kurhotel, schon allein deshalb, weil es draußen nicht nur Kännchen gibt. Das große Ganze in einem Satz, Herr Zöllick: „Wir sind das traditionsreiche erstklassige Strandhotel an der deutschen Ostseeküste." Und zwar mit den Hauptpositionierungen Thalasso-Kompetenz, uneingeschränkter Meerblick für alle und kompakte Angebotsvielfalt unter einem Dach, ganz ohne Tunnel und Laubengänge zu weiteren Gebäuden.

Die Yachthafenresidenz Hohe Düne gegenüber, am anderen Ufer der Warnow-Mündung, ist für die, die den Turbo Cabrio gleich vor der Drehtür in die Lobby abparken. Das Grandhotel in Heiligendamm ist für hintergründige Geldigkeit, eher hochflorig. Und das Neptun ist für alle, die sich auch was gönnen wollen. Solche Gäste kommen mit dem Audi Avant oder mit der Bahn. Oder der Herr Stirnweiß holt sie daheim ab und bringt sie wieder, der gehört zum besten Inventar. Geistige Entlastung und so, schwimmen, in der Sonne liegen, am Flutsaum gegen den Wind anlaufen. Für die Gelassenheit. Oder die Thalasso-Woche, mit ärztlichem Eingangscheck und Anwendungen, Zimmer mit Frühstück und Vitalmenü inklusive hausgemachtem Algenquark, um die 1.300 Euro. Keine Verhandlungssache, das Pricing ist so stringent wie transparent. Ganz einfach, wer am frühesten bucht, bekommt den besten Preis. Nachlass, sagt Herr Zöllick, beschädigt die Marke. Lieber macht der Neptun-Club Angebote für Stammgäste, die das Besondere unterstreichen und die eben nur bekommt, wer die Neptun-Nadel zum Zeichen seiner Mitgliedschaft besitzt. Die Stammgästewoche bietet Hummeressen und Küchenparty, den „Tanzkurs mit Line Dance" (was immer das ist) und die Fahrt mit dem hier so typischen breitrumpfigen Zeesboot sowie, jawohl, das „Traditionskegelturnier in der Clubdiskothek".

Neptun-Fans verpassen keine Stammgästewoche und die Freunde eher designiger Lifestyle-Lounges mit Molekularküchenverköstigung werden hier nicht vermisst. Im Neptun wird geradeaus geschlafen, gegessen und gewellnesst. Was das genau bedeutet, dafür stehen Herr Zöllick, 226 Mitarbeiter und 74 Auszubildende – und die Orchidee auf dem hölzernen Schreibtisch des Direktors: „Meine Assistentin Frau Lembke mag die, und wenn sie in Urlaub ist, kommt die Abteilung Wirtschaft und pflegt sie." Abteilung Wirtschaft … Auch das sagt viel darüber aus, wie echt man hier ist. Echt sein ist so wichtig beim Markant-Sein, weil: Alles andere ist halt falsch.

BROOKLYN NY
JANE
MOTORCYCLES
NO PARKING
UNAUTHORIZED
VEHICLES WILL BE
TOWED AWAY
AT VEHICLE
OWNERS EXPENSE
FREE
ESPRESSO
WITH
PURCHASE
OF
MOTORCYCLE
GRAB
A C P
OF
J NE

Ohne Worte.
Dito.

Die Bretter kommen zu 100 Prozent aus der Ukraine. So viel Deutsch kann da jeder – und hat sofort das Bild von German Quality im Kopf.

Stell dir vor, deutsche Fensterbretter heißen Дякую. Was haben wir dann im Kopf?

Hier fühlt sich der Tourist in Mecklenburg-Vorpommern besonders herzlich willkommen. Die Leistung ist kostenlos, aber nicht umsonst.

Cool, solche Markenbotschafter wünscht sich jeder Dienstleister bei der „Arbeit am Gast".

EINFACH ...
PRÄZISE

- Präzision beginnt beim Produkt und wird vollendet von der Tonalität, in der man es anpreist. Im Kampf um den Kunden zählt da jede Facette.
- Muttersprache geht vor Coolness. Wer sich trennscharf positionieren möchte, muss in seiner Sprache messerscharf sagen können, was ihn ausmacht.
- Am besten bleibt im Kopf, was wenige Worte braucht. Am besten nur ein einziges.

„Der Mond ist jetzt ein Ami" (21. Juli 1969), „Wir sind Papst!" (20. April 2005), „Götzseidank Weltmeister!" (14. Juli 2014). Man kann der Bild, Deutschlands auflagenstärkster Tageszeitung, einiges vorwerfen, nur nicht, dass sie keine glasklare Positionierung hat. „Bild Dir Deine Meinung!" fordert zum Selberdenken auf, und das stets auf die radikale Tour. Kein anderes Blatt schafft es besser, die Aufmerksamkeit der Öffentlichkeit zu gewinnen und zu lenken. Provokant, arrogant, unter der Gürtellinie oder voll auf die Zwölf – Bild agiert stets mit einer sprachlichen Kraft, die ihresgleichen sucht. Die Schlagzeilen sitzen und geben Einblick in Volkes Seele. Genau deswegen liest sie vor der vorgehaltenen Hand auch niemand, aber dahinter kennt jeder auf gezielte Nachfrage zwei der fünf Schlagzeilen, die Bild.de den Smartphone-Lesern mehrmals täglich erst zur schnellen Zerstreuung, dann zum Weiterwischen serviert. Der Motor dieser Schlagkraft ist die Präzision der Blattmacher in Berlin: Sag es einfach, in einem Wort! Bild streckt die Fühler ganz volksnah aus. Sie ortet gesellschaftliche Brandnester und kommentiert sie in der Tonalität, in der Frau Hinz und Herr Kunz über sie reden. „Klinsi killt King Kahn", poltert sie im April 2006 und verrät im kleiner Gedruckten, dass nicht Oliver Kahn, sondern Jens Lehmann bei der WM das Tor hüten wird. Einen König wechselt man nicht aus, man stößt ihn vom Thron, lässt ihn ermorden; der Königsmörder heißt Jürgen Klinsmann. Mit der Rhetorik Shakespeares wird aus einer Personalentscheidung das Drama schlechthin, verpackt in die vierfache Alliteration, ein regelrechter Schlachtruf. Auf derlei Zuspitzung fährt man total ab oder man lehnt sie ab. Egal ist sie den allerwenigsten – und damit hocheffektiv.

Da wird deutlich, was allerstärkste Marken brauchen, um stark zu sein und stark zu bleiben: Chuzpe. Ein legitimer Markenwert ist das allerdings nicht.

Lass uns mehr dafür tun, dass Unternehmen nicht so marktschreierisch und voyeuristisch sein müssen, um gehört zu werden. Dieser hehre Ansatz entspricht den Zeichen der Zeit und ist nicht mehr sozialromantisch.

Die Marke muss präzise sein, um markant zu sein, sich im Kampf um die Aufmerksamkeit des Kunden behaupten zu können. Sind wir nicht alle ein bisschen leidenschaftlich, ein bisschen leistungsorientiert, ein bisschen liebenswert? Das reicht nicht:

Wer im Marketingeinerlei der Allgemeinplätze auf solcherart Faktoren setzt, verliert, bevor es überhaupt losgeht. Sicher sind all diese Attribute wichtige Eigenschaften, und es braucht sie selbstverständlich, um erfolgreich sein zu können. Welcher halbwegs erfolgreiche Mitbewerber hat sie nicht im Wertesystem? Siehste! Das reicht nicht!

> *Imagebroschürenüberschriftenbullshitbingo: „Ihre Zufriedenheit ist unser Auftrag", „Unsere Mission: Sie!", „Zukunft ist heute". Und so Zeug.*

Ein Zahnarzt ist nicht dadurch merk-würdig, dass er vehement auf seine Kompetenz in der Bearbeitung von Kauleisten hinweist. Dafür braucht es mehr. Interessant für den potenziellen Kunden ist er erst, wenn er schneller, schmerzfreier, billiger, ästhetischer arbeitet als andere Zahnärzte im lokalen Umfeld.

> *Oder teurer: Die Languste knackt sich einfach leidenschaftlicher, wenn man daran denkt, was die Krone kostet.*

Durch die Präzisierung des zu erwartenden Ergebnisses wird die schwer fassbare Leistung eines Zahnarztes entscheidend dinglicher und die Positionierung damit relevant für die Auswahl.

> *Am allerwichtigsten: Fernseher an der Decke und Kopfhörer und frei wählbares Programm für den Patienten.*

Was sagt der Wert „innovativ" in der Positionierung eines Anlagenbauers aus? Ist er das, weil er neugieriger ist als die anderen? Weil er mutiger und deshalb schneller mit hochaktuellen Leistungen am Markt ist? Oder nur, weil man das als Anlagenbauer zu sein hat? Der Wert muss nachvollziehbar aufgeladen und damit beweisbar sein. Im Innovationssinne neugierige Unternehmen stellen merkbar mehr Fragen, und zwar immer, und werden dadurch zusehends als die Fragensteller erinnert. Sie sind näher am Kunden, nehmen sich mehr Zeit, um Dinge zu entdecken und zu entwickeln. Dann sind sie die Entdecker. Im Innovationssinne mutige Unternehmen haben Kernkompetenzen in der Marktforschung (mutiges Verhalten sollte gut geplant sein) und vor allem im Marketing, weil relevante Neuartigkeit erst im Auge des Kunden entsteht und ihm dafür erst einmal erklärt und schmackhaft und vertraut gemacht werden muss. Kurzer Rede langer Sinn: Werte wie „neugierig" und „mutig" haben erheblich mehr Differenzierungspotenzial als „innovativ". Sie vertiefen den ausgelutschten Begriff, legen ihn aus, übersetzen und präzisieren ihn.

> *Vor allem ist Innovativsein selbstverständlich. Wer es nicht ist, geht vom Markt.*

So wird klar, was Innovation für ein Unternehmen ganz konkret bedeutet, als – im Zusammenspiel mit den anderen präzise formulierten Werten – schlüssige Leitplanke für das Handeln aller. Wir sind zutiefst überzeugt davon, dass man beim Markantwerden solche Begriffe ganz genau herunterbrechen muss auf die eigene Identität und die konkreten Ziele in der Zukunft. So hat die Marke die besser geplante Gelegenheit dazu, ihre Potenziale im Umgang mit Mitarbeitern, Kunden und anderen Stakeholdern voll auszuschöpfen.

Ein besonders wichtiger Faktor auf dem Weg zu mehr Präzision bei Markenbildung und -erlebbarmachung ist die Sprache. Ob Mutter oder Fremd. Es gibt viele Unternehmen, die kommunizieren nicht auf Deutsch und nicht auf Englisch, sondern lieber auf Denglisch: „Wir müssen die Brand leveragen, damit wir bei Awareness und Attitude ein significant Improvement generaten." Schönen Dank auch! Zur Entschuldigung für den Salat bringen die Enabler gern hervor, dass sie vor lauter Internationalisierung – morgens mit dem bei Facebook-Hardcore-Usern gern so genannten Pyjamabomber nach Paris, mittags Zürich, spätabends wieder zurück in der Zentrale in Quakenbrück an der Hase (so heißt da der Bach) – nicht mehr richtig unterscheiden können: Was ist noch mal Deutsch, was Englisch? Blödsinn! Die Menschen verstecken sich hinter den Floskeln, nichts anderes, um ja nichts genau zu wissen, nichts genau erklären zu müssen. Im deutschsprachigen Raum sprechen die meisten Leute mehr schlecht als recht Auswärts, ist halt so. Da wird „Come in and find out", seinerzeit der Claim der Parfümerie Douglas, gern zum „Komm rein und find wieder raus". Und Arbeiter in den deutschen Werken von Ford wundern sich sehr darüber, was man auf einmal von ihnen verlangt: „Feel the difference!" – „Fühle das Differenzial.". Wer sich beim Ausgestalten seines differenzierenden Markenkerns hinter Anglizismen versteckt, bleibt in den Aussagen vage und profillos. Besser ist es, zunächst in der angestammten Sprache um jede kleine Nuance zu streiten und anschließend, wenn das Ergebnis die zweifelsfreie Kraft zur Markanz hat, einen

Da fängt es schon an, Herr Hessischlehrer: Heißt es die Brand oder den Brand leveragen?

**Schenkelklopf!* Bei dem Meeting, äh, der Konferenz, auf der sie das beschlossen haben, hätte ich gern den Beamer, äh, Hellraumprojektor bedient.*

Deshalb sind sie ja jetzt „eine Idee weiter". Nämlich die, dass das Quatsch war.

hochpreisigen Übersetzungs-Vollprofi mit der Internationalisierung zu beauftragen.

Auch „kundenorientiert" heißt vor allem alles und vor allem nichts. Der Schalterhersteller und Spezialist für vernetzte Gebäude Busch-Jaeger übersetzt den Terminus für sich mit „Partnerschaftlichkeit". Das präzisiert ihn und meint etwas ganz Konkretes, das so nicht einfach austauschbar ist und vor allem zu Busch-Jaeger passt: „Wir sind bei dir und begleiten dich vor, während und nach deinem Bauvorhaben." Kundenorientierung kann auch bedeuten, dass man Wünsche des Kunden erfüllen will, bevor er weiß, dass er sie hat; das ist auch eine kraftvolle Auslegung, nur nicht die von Busch-Jaeger. Da loben wir uns Prostagutt forte, die Medizin gegen Harndrang. Sie verspricht den Anwendern, dass sie „weniger müssen müssen". Nicht grade die coolste aller denkbaren Werbebotschaften, aber sitzt bei demjenigen, der sich Inkontinenz oder Harndrang eingestehen muss, und bringt die Leistung glasklar rüber. „Finito mit Blasen-Pressure" klingt zwar much more fancy, lässt jedoch den, der schon wieder müssen muss, so lange mit dem großen Fragezeichen stehen, bis es zu spät ist.

Dass Präzision in der Markenwertformulierung erfolgskritisch ist, zeigt der DFB mit der Kampagne zur Fußball-WM 2006. Die Weltmeisterschaft im eigenen Land vor der Brust, ist man mit der Nationalelf ganz darauf bedacht, nicht nur auf, sondern vor allem auch neben dem Platz die Herzen der Fans – und der Bevölkerung überhaupt – zu gewinnen. Gar nicht einfach in einem Land, in dem man den Fußball vor allem als Zerstreuung für Unterkomplexe und überbezahlte Bananenflanker sieht. Da fühlen sich Spieler wie Fans traditionell schnell missverstanden. In der Folge ist die landläufige Beziehung zum Fußball zwar gut, allerdings nicht herzlich. Damit das anders wird, begibt sich eine Mannschaft unter Leitung von Trainer Jürgen Klinsmann, Manager

Oliver Bierhoff und Büroleiter Georg Behlau in den Markenfindungsprozess. Dessen Ergebnis wirkt bis heute nach: Bei den Kernwerten setzt man auf die altmodisch klingenden Eigenschaften „Respekt", „Professionalität" und „Benehmen". So einfach, so präzise, so wirksam. Respekt hat, im Gegensatz zu vielen modernen Wortschöpfungen, für alle Menschen eine vergleichbare Bedeutung.

Gutes Beispiel, grade in Tagen wie diesen, in denen er ganz neue Relevanz in der Gesellschaft bekommt.

Dieser Wert kann einfach nicht fehlinterpretiert werden, weder auf noch neben dem Platz, weder im Business noch im Seniorenstift. Respekt steht für Zuhören, Wertschätzung, Empathie – und vor allem gegen eines: Arroganz. Das ist grade beim Thema Fußball und Nationalmannschaft so wichtig.

Auf der Basis dieses einfachen Selbstverständnisses fällt es den Nationalspielern leicht, sich Regeln für den respektvollen Umgang miteinander sowie mit Fans und Medien zu geben. In ihrem Leitfaden heißt es: „Fans nehmen teilweise große Entbehrungen auf sich, um ein Spiel zu sehen. Verhalte dich ihnen gegenüber freundlich. Unterstütze sie in ihrem Fantum." Fußballprofis leben in einer künstlichen, abgeschotteten Welt, in der jeder Schritt organisiert und jede Reise auf First-Class-Niveau durchchoreografiert ist. Die Schaffung eines Bewusstseins für die Lebenswirklichkeit der Fans trägt maßgeblich dazu bei, dass die Spieler sich respektvoll verhalten und, noch viel wichtiger, darüber entsprechend berichtet wird. Zum Thema Professionalität steht im Leitfaden: „Sei pünktlich. Wenn du unpünktlich bist, ist die Mannschaft unpünktlich."

Oder der Bus weg.

Das klingt für sich genommen banal, doch durch die Einbettung der einzelnen Regeln in den breiten allgemeinen Kontext bekommt die gesamte Kampagne für alle Beteiligten greifbaren Sinn. Effektiv ist sie vor allem auch deshalb, weil die Spieler anders angesehen, angesprochen und eingebunden werden: nicht als Götter, sondern auf Augenhöhe und dadurch als Gleiche unter Gleichen, fern jeder Neidkultur – und respektiert. Dafür bindet man sie ganz bewusst auch abseits des Platzes in strategische Prozesse ein.

Das machen die gut, die meisten großen Wirtschaftsunternehmen aber leider nicht.

Das Resultat ist das Sommermärchen. Es wird immer in den Köpfen derer bleiben, die 2006 fünf Jahre oder älter sind: In dem Alter setzt das Erinnerungsvermögen und damit die Markenprägung ein. Da hat sich die Fankultur in Deutschland neu etabliert. Und das neue Denken, Fühlen und Handeln beim DFB hält bis heute an: Nach der Rückkehr von großen Wettbewerben klettern die Spieler auf die Fantribünen und feiern mit ihnen. (Wagenkorso mit Champagner und das war's war gestern.) Das transportiert Wertschätzung und Dankbarkeit als zentrale Tugenden, die die Werte Respekt, Professionalität und Benehmen immer wieder neu erlebbar machen. Nur drei Worte, präzise gewählt. Als der Anfang von markantem Verhalten und von genauso markanter Wahrnehmung.

Konfusion! Eisdiele heißt Sommer, Sonne, Cabrio; McDonald's heißt schnell satt und schlechtes Gewissen.

Ich nehm zwei Bällchen Gehacktes-Stracciatella mit Süßsauer-Soße und Bounty-Streuseln.

Nicht zu fassen, wie dieses andere Wort für „Mineralwasser" den Kaufknopf bei Mami und Papi drückt.

Toller Customer-Insight: Es geht um das Wertvollste, da sitzt der Geldbeutel locker. Kann man nichts dagegen machen!

Evolution statt Revolution: Bei Bühler liegen die neuen Broschüren neben den alten.

Markenzukunft braucht Markenherkunft. Sehr gut, dass sie die neue Welt so behutsam und konsequent einführen, wie sie die alte ausphasen.

LINDIG
randamazing
Wovon man sich nach einem solchen Meeting bei Lindig-Fördertechnik wohl erzählt?
Erst vom Cappu, dann von den Menschen, dann vielleicht noch von den Konditionen. So herum perlt's …

Ich habe mich dran gewöhnt, aber das hier trägt ein bisschen auf.
Fachhandel von KFZ-Teilen
DROSCHLER
Werkstattausrüstung GmbH
Auch wenn's schwerfällt: Manchmal genießt man und schweigt.

EINFACH ...

REDUZIERT

- In der radikalen Verringerung der erfolgskritischen Faktoren liegt das entscheidende Potenzial für eine markante Zukunft.
- Viel hilft nicht viel.
- Wer in einer überversorgten Welt als Erster „Weniger ist mehr" nachvollziehbar und spürbar lebt, wird die markante Nase vorn haben.

Der Wert der Einfachheit wird so massiv unterschätzt wie das Potenzial, das die Älteren als höchst interessante Zielgruppe haben. Zum einen liegt es daran, dass der Mensch so gestrickt ist, dass er seit der Erfindung von Automobil, Laubbläser und Computer sehr viel dafür tut, sich das Leben mit solchen Sachen nicht einfacher, sondern immer komplizierter zu machen – mit Online-Motordiagnosen, fliegenden Fäusten über den Jägerzaun hinweg und der intrinsisch motiviert angestrebten Deutungshoheit über config.sys und autoexec.bat. Zum anderen liegt es daran, dass der Weg zurück zum einfachen Leben, Status 1850 und damit vor Beginn der Schneller-höher-weiter-Ära, mittlerweile nicht nur schwierig, sondern schlicht unmöglich ist. Dabei liegt im Einfachsein die größte Chance für Unternehmen, ihre Kunden langfristig zu begeistern und zu binden. In einer komplexen Welt wie dieser ist es überlebenswichtig: Die Erlebnisse des Konsumenten müssen heute so unkompliziert wie möglich sein. Je einfacher, desto besser – die Simplizität des Erlebnisses, reduced to the max, entscheidet darüber, ob der Verbraucher ein Produkt wieder kauft und, viel wichtiger, ob er es weiterempfiehlt, kurz: ob er es unter den hunderttausend anderen für würdig befindet, dass er es sich merkt. Mehr will man als Hersteller und Händler ja gar nicht. Doch dieses bisschen ist immer schwieriger zu schaffen.

Endlich darf ich mich dazu mal auslassen: Was für eine unnötige geniale Erfindung – kommt rüber wie irgendwas zwischen Männlichkeitsverlängerer und Flammenwerfer, macht Krach wie ein Jumbo, und der Hausmeister rennt jedem Blatt einzeln hinterher. Die Botschaft: „Seht her, hört her! Ohne mich läuft hier gar nix!"

Sprechen Henkel & Berndt über Markenstrategie, kommen zwei Buzzwords zuerst: „Markenportfolio" und dass die wenigsten Unternehmen festgeschrieben haben, wie viele Marken sie brauchen und jemals haben werden, und „Markenarchitektur" und damit die Antwort auf die Frage, auf welche Art und Weise die unterschiedlichen Marken des Hauses dem Konsumenten unterschiedlich unvergesslich nahegebracht werden. In den Unternehmen, mit denen wir arbeiten, sind diese Themen die Hauptursachen für Markenschmerz und Profittrauma. Der Grund dafür, dass man sie in ihrer Wichtigkeit dennoch regelmäßig

Das professionelle Führen einer Marke kostet Zeit, Nerven und Geld. Beides sollte man investieren, wenn der Kunde das Mehr an Differenzierung schätzt: Wer braucht die Wahl zwischen Skoda Citigo, Seat Mii und VW up!, wenn alle gleich sind und aus demselben Konzern kommen?

unterschätzt, liegt darin, dass sie nicht als Kern, sondern bestenfalls als irgendwie notwendiger Bestandteil der Strategie angesehen werden. Man wacht einfach nicht eines Morgens auf und sagt sich: „Hey, heute ist ein großer Tag dafür, unser Markenportfolio zu trimmen!" Stattdessen werden Ersatzproblematiken ausdifferenziert, die aufmerksamkeitsstärker sind und mit denen man sich viel lieber beschäftigt. Herausforderungen mit immer mehr Landingpages im Internet gehören dazu, die vielen unterschiedlichen Visitenkarten, die Kannibalisierung der Angebote im eigenen Haus, diese Vertriebsunschärfen … gern alles auf einmal. Mit etwas Glück kommt man doch darauf, dass es vor allem an den vielen Marken im Haus liegt oder daran, dass sie wie Pestwurz herumwuchern und niemand mehr die Frage nach dem Warum knapp und präzise zu beantworten vermag. Meist bleibt es dabei, dass der Verantwortliche nicht einsieht, dass das Portfolio oder die Architektur die Ursache für das ganze Wahrnehmungschaos ist. Stattdessen das Mantra: „Wir haben nicht zu viele Marken, wir vermarkten sie bloß nicht gut genug." Irgendwann ist der, der sagt, dann weg, einen externen Karriereweg einschlagen.

Große Marken verschlingen Millionen und landen im Kundenhirn oftmals dennoch auf der Resterampe. Studien zeigen, dass der Kunde lieber und mehr kauft, wenn er weniger Auswahl hat. Deshalb lieber mehr Geld in weniger Marken stecken!

Die großen Unternehmen beginnen zu begreifen: Erfolg kommt nicht aus der Angebotserweiterung. Henkel verringert die Anzahl der Marken von 1.000 auf weniger als 400 und es sollen noch weniger werden. Der langjährige CEO Kasper Rorsted: „Es geht nicht um Sparen, sondern um Fokussierung." Komplexität ist nicht nur für die Kunden wenig übersichtlich und attraktiv, sondern bedeutet vor allem höhere Kosten und immer mehr Schwierigkeiten dabei, all die Produkte sauber voneinander abzugrenzen (einmal ganz abgesehen von denen der Konkurrenz). Beiersdorf hat 20 Prozent weniger Produkte als vor fünf Jahren, und Volvo erkennt, dass die Kooperation mit Ford mehr Komplexität als Vorteile bringt: An die Stelle von acht unterschiedlichen Motoren soll einer treten, der in mehreren Konfigurationen angeboten wird. Das schafft Kapazitäten dafür, sich wieder auf den vernachlässigten und mittlerweile so verwässerten Markenkern Sicherheit zu fokussieren. Mercedes nutzt die Schwäche von Volvo konsequent und macht das Megathema Sicherheit sehr gekonnt zur eigenen Heritage. Wir sagen: Was große Unternehmen mit großem Angebot können, können kleine Unternehmen mit großem Angebot auch – eindampfen.

Richtig so, die Technik ist achtundachtzig. Ich frage meine Seminarteilnehmer regelmäßig, wer beim Autokauf unter die Haube schaut: Nur wenn auf der Elternversammlung in der Schule nach Kandidaten für das Sprecheramt gefragt wird, gibt es weniger Meldungen.

Für Richard Deupree, CEO von Procter & Gamble, ist in den Vierziger- und Fünfzigerjahren schon klar: „Ich verstehe keine komplizierten Probleme. Ich verstehe nur einfache. Unsere Leute sollen die Probleme so aufgliedern, dass sie eine Reihe von Sachverhalten ergeben." Selbst in der eigenen Company hat bis vor Kurzem keiner auf ihn gehört. Jetzt erst werden aus nahezu 200 Marken weniger als die Hälfte. Der heutige CEO Alan Lafley im Analysten-Call: „In einer perfekten Welt hätten wir das am Tiefpunkt der Finanzkrise, in der Rezession, gemacht." Nicht länger warten – einfach werden!

Günter Faltin, der Gründer der Teekampagne, ist der weltgrößte Importeur von Darjeeling. Das liegt maßgeblich daran, dass er immer an einem Grundsatz festhält: „In der Einfachheit liegt die größte Vollendung, das gilt auch in der Ökonomie, nicht nur in der Kunst." Mitte der Achtziger, als Start-ups aus der Uni heraus noch eine Seltenheit sind, führt der Professor seinen Studenten vor, wie gründen geht. Dafür stellt er fest, dass die hohen Teepreise vor allem von den kleinen Packungsgrößen kommen. Wenn Kaffee in 500-Gramm-Verpackungen verkauft wird, weshalb nicht auch Tee, der das Aroma sogar länger hält? Das Konzept: nur Darjeeling, nur Versand, nur 1-Kilo-Packungen, nachhaltig hergestellt, fair gehandelt, Bioware, keine Marktanalysen, ausgeklügelte Markteintrittsstrategie, gute Testergebnisse, wenige Anzeigen und viel Empfehlungsmarketing. Klingt nach viel, doch reduzierter geht es nicht. Das So-einfach-wie-möglich-Prinzip spart jede Menge Kosten und das Produkt ist schließlich 40 Prozent günstiger als die Produkte der Wettbewerber – bei höchsten Ansprüchen an die Qualität.

Inzwischen ist Professor Faltin doch ein bisschen schwach geworden. Die Teekampagne hat jetzt 100 Prozent mehr Produkte. Das zweite heißt Tealings und ist grüner Tee in Kapseln zur Nahrungsergänzung. Das harmoniert nicht – Nahrungsergänzungsmittel sind eine andere Kategorie als Genussgetränke, und ruck, zuck ist die Monostrategie verwässert. Bei der sogenannten Waschkampagne, basierend auf der Teeidee und mit angetrieben von Spindoctor Faltin, ist dafür noch alles rein: Das Waschpulver heißt Passt! und die USP ist so einfach wie wirkungsvoll. Er definiert sich ziemlich clever über den Härtegrad des Waschwassers. Die Überlegung: Wo es eher hart ist, braucht man mehr Enthärter. Weil dessen Anteil im Waschmittel aber immer gleich ist, muss man bei härterem Wasser höher dosieren. Das ist schlecht für die Umwelt und den Geldbeutel. Deshalb gibt es Passt! mit unterschiedlich viel Enthärter für weiches, mittleres und hartes Wasser, nur im 1,5-Kilo-Beutel und nur im Versand. Keine Duftstoffe, Füllstoffe, Bleichmittel, optischen Aufheller, Phosphonate. Das megaperlt und die gute Story schafft es in die Wirtschaftspresse.

> *Warum so zurückhaltend? Nahrungsergänzung assoziiere ich mit Krankheit und Apotheke, Darjeeling mit Wohlbefinden und Entspannung. Das passt nicht nur schlecht, das passt überhaupt nicht!*

Wer genau hinschaut, entdeckt viele so einfache wie nachahmenswerte Beispiele für allerbest performende Unternehmen. Weniger ist mehr, und dieses Weniger ist allermeist in einem waschechten, soliden, unverwässerten sogenannten Branded House daheim, das alles unter einer einzigen, der Single Brand vereint: klarer Fokus, alle Kraft in eine Marke, ein begehrenswerter Arbeitgeber, klare und einfache interne Prozesse. Das große Problem vieler anderer ist aber, dass sie denken, viel hilft viel; grade bei der Anzahl ihrer Marken. Wie der große Blumenstrauß, in dem man erst ordentlich herumwühlt und sich dann das Blümchen rauszieht, das einem am allerbesten gefällt. Ach nee, lieber doch nicht, wieder zurückstecken und ein anderes rausziehen. Zum Schluss

> *Wo das so ist, ist das Incentivierungsschema falsch: Wer für seinen Bonus steigenden Umsatz braucht, hält auch die schwächsten Marken im Sortiment. Die Belohnung von Rentabilität wäre nachhaltiger und besser.*

sieht der Strauß aus wie ein ungemachtes Bett und das Markenarchitekturübersichtsschaubild genauso. Dabei haben die allermeisten Firmen nicht nur die probate Architektur, sondern auch noch wenig Ahnung davon, wie man eine multiple Markenwelt proper managt.

Als „Branding" nicht mehr nur diese tierschutzkritische Sache mit den Cowboys, den Kühen und dem Brandeisen im Mittleren Westen ist, als die Kuh zur Company und das Brandzeichen zum Logo wird, gehen die frühen Götter ihres Faches davon aus, dass es immer nur eine Marke gibt und die so heißt wie der Gründer. Dann wird es mit der Zeit wie mit allem – die Sache artet aus, wird immer komplexer und schwieriger, die Fachbücher werden dicker und trockener, mit immer indiskutableren, immer langweiligeren Schaubildern. Jetzt kommen die Berater! Wie gut für die, dass wir beim Branding nicht in der Mathematik sind und es immer mehrere denkbare Lösungen für dieselbe Aufgabe gibt, von denen viele sogar erst mal „richtig" sind. Richtig reicht aber nicht! Schnell kommt dann ein wirklich markengetriebener Marktbegleiter daher, bei dem stattdessen tiefe Überzeugungen gelebte Exzellenz und damit kräftige Performance an den Kontaktpunkten provozieren; mit den Hauptbestandteilen „permanent hinterfragen" und „Gutes immer noch besser machen". Ganz die UBS: „We will not rest."

Dennoch rate ich dringend dazu, Ziele vorab klar zu definieren und messbar zu machen. Das geht! Soll die Bekanntheit erhöht werden, muss die Entwicklung mit Diagrammen fassbar sein. Nur so werden Markenführungswiderständler zu Markenführungsfans.

Bei Companys mit vielen Marken ist Hinterfragen und Bessermachen gefragt. Der Hotelsammler Accor ist da führend. Zurzeit haben sie etwa 13 Hotelnamen, und im Org-Chart geht's zu wie auf der Corporate Website im Backend: Ibis Budget sind die früheren Etaps und Formule-1-Hotels, Ibis Styles war mal All Seasons, außerdem gibt es noch Sofitel, Pullman, Mercure, Adagio, Novotel etc., nicht alle überall auf der Welt. Viele kommen daher wie Subbrands, und alle sind irgendwie Endorsed Brands, also irgendwas zwischen selbstständig auftretend und

Früher war das Ibis immer direkt am Bahnhof, konnte man blind buchen. Heute sind die an so skurrilen Standorten wie „München-Putzbrunn" und „Hamburg City Ost" (vulgo jwd), ein wichtiger Differenziator somit völlig aufgeweicht.

augenscheinlich von der Muttercompany beschützt, weil sie nicht darauf vertrauen mag, dass sie ganz allein und ungeschützt Bestand haben können da draußen. (Daher kommen die vielen Hinweise auf den großen, starken Accor-Konzern.) Der Verhau rührt daher, dass es in einem Konzern wie diesem naturgemäß viele professionelle Bedenkenträger („Ich mach's nicht, lasst ihr's auch bleiben!") und Landesfürsten („Die in der Zentrale haben keine Ahnung davon, wie wir hier ticken und was wir brauchen!") gibt und der Bedenkenträgeroberfürst sich beim Refokussieren wahlweise nicht durchsetzen will, kann oder darf. „Geht schon noch, bis ich in Rente bin." Und die Beraterfirma, die sie dennoch angeheuert haben, wird nach der Anzahl ihrer Charts entlohnt. Da merken Henkel & Berndt auf.

Wir verstehen – Monomarke reicht bei Accor nicht. Dennoch ist es denkbar einfach: Fünf Ketten genügen, von einem Stern bis fünf Sterne, weltweit. Und was für schöne Namen, die gehen ja in allen Sprachen: „Einsternhotel", „Zweisternhotel", „Dreisternhotel", „Viersternhotel", „Fünfsternhotel". Macht aus der verschwurbelten Gesamtheit von etwa 13 Marken genau fünf glasklare, für alle Zwecke und für alle Fälle. Reduziert sein wollen heißt radikal denken, heißt konsequent handeln. Und klar, die Wahrheit liegt irgendwo zwischen den Antipoden, also dem, was bisher ist, und dem, was maximal reduziert vorstellbar ist. Unterm Strich sind hinterher, und darauf kommt es an, die heiligen Hospitalitykühe geschlachtet und die alten Accomodationzöpfe auf jeden Fall abgeschnitten. Dazu gibt es endlich wieder ein Marketing, das so scharf wie kreativ die jeweilige Marke lebt und sie erlebbar macht.

Das ist vom Prinzip her richtig, muss aber anders übersetzt werden. Die Ratio allein bucht kein Hotel und hier fehlt die emotionale Verortung durch den entsprechenden Namenszusatz.

Bisher geht es da bei den Accors eher zu wie bei vignetteroulette.com: Da mixt man die Bilder aus den TV-Spots bekannter Unternehmen ganz zufällig mit den Audiospuren der TV-Spots anderer bekannter Unternehmen, und siehe da – passt immer, alles eine Soße. Wenn also jede Hotelmarke wieder einzigartig ist und das jeweilige Marketing wieder auf sie einzahlt, entdeckt man auf den Fotos auf booking.com genau bei ihren Häusern wieder mehr als die ewig gleichen Blumenbuketts vor den ewig gleichen Boxspringbetten vor den ewig gleichen Handtuchstapeln in den ewig gleichen Marmorbädern. Bisher ist das egal. Beim Reisen geht es um die Anzahl Reisender, den Durchschnittsaufenthalt und den Bettenladefaktor, also die Auslastung übers Jahr. Jetzt geht es wieder um den Reisenden und das Erlebnis, das er beim Einchecken hat, und – noch wichtiger – um das, das er beim Auschecken hat. Das bleibt besonders hängen und wird auf die Frage „Wie war's im Urlaub?" besonders gern erzählt. Hier kann und muss Accor punkten, sonst geht man eines Tages vom Markt, und die Häuser werden umgeflaggt. Man bemerkt es in seinem Stammbeherbergungsbetrieb in der Regel erst, wenn auf der Messingtafel neben der schwergängigen Drehtür in die Lobby „Operated by…" steht, und dann kommt ein neues Wort – Starwood Hotels & Resorts (das sind die mit Sheraton und W) oder FRHI Hotels & Resorts (das sind die mit Raffles und Fairmont) oder gleich Maritim (das sind die mit dem vielen Messing und den 30 Jahren Investitionsstau). Ansonsten bemerkt man es für gewöhnlich an nichts.

Ich buche inzwischen in Hoffmann's Reiseladen in Bad Soden. Die empfehlen das, was sie kennen, und lassen die gestanzten Sprüche weg; „zentrale Lage" und so. Mit drei Kindern und einer zu Recht anspruchsvollen Gattin würdest du auch keine online zusammengefummelte Surprise-Reise antreten.

Portfolio und Architektur sind mit Bedacht aufzusetzen, um einfach wirken und Einfachheit kommunizieren zu können. Wer da mutig und konsequent handelt, gewinnt. Abseits dessen fragen sich Henkel & Berndt in stillen gemeinsamen Stunden insbesondere, warum noch keine Hotelkette – Achtung: echte Alleinstellung und gleichzeitig echter Nutzen! – sagt, dass man einchecken kann, wann immer man will, morgens um halb fünf genauso wie abends um halb fünf, ganz egal, und ab jetzt zählen die 24 Stunden. Es liegt daran, dass nicht sein kann, was nicht sein darf: „Das haben wir noch nie so gemacht!" Und daran, dass zu jeder Zeit ein Zimmermädchen oder -junge on duty sein muss. Wiegen die kostenfreie PR und das Weitererzähl- und

Da kommen uralte Zöpfe und heilige Kühe groß raus. Ich hab noch einen: „Das haben wir schon immer so gemacht."

Empfehlungspotenzial das Mehr an Orga und Kosten nicht mehr als nur auf? Wir meinen: doppelt und dreifach.

Wobei eine gewisse Enge bei den Leitplanken, gepaart mit Einfachheit und Nachvollziehbarkeit, für Klarheit sorgt: Alle sollen, ja müssen sich darin so frei und kreativ wie möglich bewegen.

Komplexität wird verringert, indem es in den Prozessen weniger von allem gibt: Ziele, die man erreichen will, Beteiligte, Produkte und Leistungen, Komponenten und Konfigurationen, Kundengruppen, Lieferanten ... Und, besonders wichtig, weniger Vorschriften.

Smarte Innovation im Skyroom bei Bühler: Namen merken im Meeting leicht gemacht.

Da denken und handeln die Verantwortlichen markenadäquat mit. So wünschen wir uns das!

So mutig wie wirkungsvoll: Die sind so stark, dass Eigenmarken es jetzt mit Herstellermarken aufnehmen.

Alles für den Kampf um die Supermarktanteile. Dabei sägen sie – angesichts der Margen im LEH – an dem Ast, auf dem sie sitzen.

„WAS MACHT V-ZUG EINFACH MARKANT, HERR HOFFMANN ?“

Als Schweizer Luxusmarke gezielt in Luxusmärkte einsteigen, an sorgsam ausgewählten Orten der Welt und mit strategisch geplanter Zurückhaltung, sollte gelingen. Vor allem dann, wenn man ein paar Voraussetzungen für die Offensive made in Zug berücksichtigt: Niemand wartet ganz besonders ungeduldig auf den dort ansässigen kleinen großen Player und die edlen Haushaltsgeräte. Man könnte meinen, die von Miele oder Gaggenau sind so ähnlich ja schon da. Wenn man sich also auch außerhalb der Schweiz spürbar behaupten will, sollte mehr kommen als stylische Herde und Waschmaschinen, Geschirrspülmaschinen und Kaffee-Vollautomaten. Was sollte das sein, abseits formidabler Hardware? Es braucht die schlüssige Geschichte dahinter, die den potenziellen Kunden betroffen macht: Wie kommt dieses ganz besondere Gefühl bei ihm in die Küche und in die Wäschepflege? Welche Sinne werden wie angesprochen von der „Faszination V-Zug. Das Beste aus der Schweiz für die Welt“?

Dirk Hoffmann tritt dafür an, diese und viele Fragen mehr zu beantworten, diese und viele Wünsche mehr zu erfüllen. Vor allem die, von denen man noch gar nicht weiß, dass man sie hat. Der CEO sagt, V-Zug geht zusehends weg von der Hardware, hin zum Soften. Damit meint er nicht das Flauschige der Wäsche, die man bekommt, wenn man sie mit dem säulenfähigen

Stand-Wärmepumpentrockner Adora TS WP behandelt. Das ist bei V-Zug immer eingebaut, nach bald 100 Jahren Waschkompetenz seit der ersten Wäschetrommel-Waschmaschine mit Handbetrieb. Herr Hoffmann spricht etwas ganz anderes an, ganz direkt: „Wir zerstören derzeit unsere traditionellen Geschäftsfelder." Zwei Teams im Haus haben den Auftrag, neue destruktive Geschäftsmodelle zu erfinden; und zwar unbedingt auf Kosten der angestammten Tätigkeitsfelder. Es freut ihn, dass denen das Kaputtmachen so gut gelingt. Und er betont, dass es nicht die Frage ist, ob es jemand derart radikal macht, sondern vielmehr, wer, wann und mit welchem Ergebnis – und wer sich vor allem dadurch in der Branche an die Spitze setzt. Die Leitfrage beim konstruktiven Disruptivsein: „Was würde Uber mit uns anstellen?" Weg vom Auto, hin zur Mobilität; weg vom Kochen und Waschen, hin zu …?

Es gibt keinen wirtschaftlichen Anlass dafür, es so radikal zu machen. V-Zug geht es gut. Man ist nicht der größte Anbieter, will es auch nicht werden. Doch man will in dem schmalen Zielgruppensegment bei Privatleuten und im Objektgeschäft das Größte für die Kaufentscheidung bieten. Und führend bleiben, wenn es um Innovation, Präzision und Verlässlichkeit geht. Dazu gehört die Konsequenz beim Spinnen, hier nicht nur erlaubt, sondern allgemeine Pflicht. Außerdem ein Inhaber, „der äußerst frei und progressiv mit neuen Ideen umgeht. Deshalb bin ich hier." Dirk Hoffmann ist viele Jahre unterwegs für andere Premiummarken in Afrika und Asien, kommt dann nach Zug, Industriestraße. Als Direktionspräsident, wie man ihn hier nennt, um auf Gesundem aufzusetzen und dafür zu sorgen, dass alles gesund bleibt. Raus aus dem Konzern mit 40 Fabriken, rein in den Mittelständler mit nur einer – nein, nicht Fabrik, es ist die Haushaltsgeräte-Manufaktur. Nur hier, am Höchstlohnstandort, und nirgendwo sonst bei V-Zug wird emailliert, werden Muffeln gefertigt und Sichtglasscheiben präzisionsverklebt.

Das Konzentrierte bietet auch die Chance, den akut anstehenden Wandel viel schneller und dynamischer zu bewerkstelligen, als die zahlenmäßig großen Player es können: „Wenn wir ihn nicht schaffen, schafft ihn die Schweiz auch nicht." V-Zug 2033 heißt die Vision vor dem Hintergrund der Digitalisierung. Lange vorher schon und dann erst recht soll vieles ganz anders sein im Haus und am Markt, die Bedürfnisse und die Schwerpunkte, die Produkte und die Services, die Baulichkeiten und die ganze Art und Weise, wie sie an ihr Geschäft herangehen. Eines bleibt: Produktion nur in der Schweiz. Aber nicht länger vor allem für die Schweiz, da ist man Marktführer, in jedem zweiten Haushalt steht mindestens ein Gerät. Bereits jetzt auch für Australien und Israel, China und die Ukraine, England und Deutschland. Etwa 20 Länder; eines nach dem anderen kommt hinzu. Nicht hektisch, dafür gründlich und auf diese eine Art, wie nur sie es machen. Die Voraussetzungen müssen einfach stimmen, damit in einem neuen Markt von Anbeginn an alles stimmt.

Beispielhafte Leitfragen beim Zerstören des Bewährten: Wollen die Leute noch länger eine Waschmaschine oder lieber das, was sie im Grunde immer wollten: saubere Wäsche? Wie müssten Prozesse und Produkte gestaltet sein, die das in den Vordergrund rücken? Und was sollte dafür auf welche Art und Weise mit anderen Alltäglichkeiten im persönlichen Umfeld kombiniert werden? „Smart Home", das vernetzte und ferngesteuerte Haus, ist zunächst nur ein Buzzbegriff. Im Zuge ihres Neudenkens belegen sie ihn auf ihre Art mit Substanz und Gehalt. Was es ist, handelt auch davon, dass es in Zukunft nicht mehr nur um das Entfernen von Schmutz aus der Wäsche allein gehen wird, sondern auch darum, etwas hineinzugeben. Substanzen zum Beispiel, die ältere Menschen mit sensiblerem Immunsystem vor Umweltgiften besser schützen. „Ambient Assisted Living", altersgerechtes Assistieren für ein selbstbestimmtes Leben, ist ein Reizbegriff für die Neu- und Andersmacher. Da kommen auch sogenannte

Functional Garments in den Denkprozess – Kleidungsstücke, denen man beim Pflegen das Medikament beigibt. Gut möglich, dass die Waschmaschine eines Tages von ganz allein die richtige Dosierung weiß.

V-Zug weiß heute schon, wie man Luxuriösem die Aura dieses ganz Besonderen verleiht. Im Relevant Set der gepflegten Kundschaft ist man weiter oben als die Marktbegleiter angesiedelt. Investition für einen Combi-Steamer mit Mikrowelle ab 7.520 Franken, steht transparent auf der Website, ohne Sternchen und Fußnotentexte. Das Besondere bei solch einem Gerät: Kochen mit Dampf ist per se gesund, und die Mikrowelle schaltet den Turbo dazu. Das verkürzt die Kochzeit weiter, und mehr Nährstoffe und Vitamine bleiben unverändert drin. Weltneuheit, alle drei Beheizungsarten – Backofen, Dampf und Mikrowelle – in einem. Schützbar ist sie nicht, und die anderen holen auf. Auch deshalb gilt es, laufend neue Ziele auszumachen und dann loszulegen. Das große globale Ziel heißt V-Zug 2033. Lange vorher wird man sich beschäftigt haben mit dem modernen mobilen Menschen, der, auf dem Weg von A nach B, spontan nach Hause kommt. Er hat das Abendessen in der Tiefkühltruhe oder es kommt vorgegart, online geordert, und der Ofen ist genauso online. Checkt als Allererster, was zu tun ist, stellt sich auf Garart und -dauer ein, erkennt Beschaffenheit und Menge, backt und dämpft und mikrowellt. Das entlastet den digitalen Nomaden maximal. Der braucht nur noch eines zu tun – essen und genießen.

Die Menschen, die dafür anders denken und vor allem anders handeln, haben „blaues Blut". Es steht hier für den Spirit, der sie in dieser Unternehmung eint. Dirk Hoffmann: „Wenn ich eines ganz besonders spüre, seit ich hier bin, dann dieses Glühen und Vibrieren für die Marke und dafür, immer noch einen Meter weiter zu gehen." Es betrifft die Art, mit der man miteinander umgeht, erst eintaucht in die eigene Welt und dann auftaucht in die große, weite draußen. Besuch betritt das Zugorama, das Erlebniszentrum, zehn davon gibt es in der Schweiz. Er sieht, riecht, fühlt V-Zug, vertraute Küchen- und Genusserlebnisse entstehen im Kopf, die Rezeptoren auf der Zunge stellen sich auf Feines ein. Herr Auf der Maur, hier der Chefbegeisterer, erläutert das Sous-vide-Steamen und fängt an der glanzpolierten Vakuumierschublade an; auf die verbindliche, herzliche, blaublütige Art. Premium kann jeder – das hier ist V-Zug. Nur die haben den „Refresh-Butler", mannshoch, für die Einbaukleiderschrankwand. Da frischt der Dampf auf, er entknittert, trocknet und hygienisiert. Der Nomade kehrt zurück von langer Reise und gibt den Anzug dort hinein. Es bewirkt das Wohlfühlgefühl am neuen Morgen, wenn er weiterzieht, wie neu gekleidet. 10.500 Franken ist er ihm wert, dieser Anteil an seinem Erfolg.

1.800 Blaublütige treten für die eine Sache an: Schweizer Manufakturkunst, die analoge wie die digitale, in die Welt zu tragen. Jeder besitzt sein Exemplar von „V-Zug und Du". Da sagt der Direktionspräsident gleich am Anfang: „Nur wer eine starke Identität hat und diese auch lebt, kann andere inspirieren und begeistern." Auf den Folgeseiten dieses Skizzenbuches für inspirierende Ideen werden die Faktoren für das Unverwechselbare deutlich, rund um das Begeisternde, Engagierte, Premiumhafte. Wo überall die Touchpoints sind (bei den Lieferantenbetreuern wie beim Arealrundgang, in der TV-Werbung wie bei den Telefonistinnen) und weshalb hier die großen Chancen liegen dafür, „unser Profil spürbar zu machen sowie unser Versprechen einzulösen"; und dass in jeder Begegnung ein Augenblick der Wahrheit steckt.

Überzeugung überzeugend leben. Bei V-Zug tun sie es intern. Auch indem sie, und davon ist Dirk Hoffmann weiterhin beeindruckt, binnen 14 Tagen zustimmen, für das gleiche Geld 10 Prozent mehr zu arbeiten. Der Franken-Schock 2015 macht es vorübergehend nötig, als die Wettbewerberpreise über Nacht um 10 und mehr Prozent fallen. Die Mehrarbeit kriegen sie rückwirkend schneller als gedacht vergütet, weil es trotzdem so gut läuft, doch bei diesem Erlebnis geht es in erster Linie um eine gemeinsame Haltung aller, die man mit Geld allein gar nicht bezahlen kann.

Und sie tun es extern: Erst steht immer der Service, dann kommt der neue Stützpunkt. Verkaufen allein macht keinen Sinn. Im Produktpreis inkludiert ist, dass die Beraterin nach Hause kommt und alles am Gerät erklärt. Sie kocht mit ihnen, nicht selten bleibt sie noch zum Essen. In einem Fall der Fälle muss, oberste Prämisse, die Betreuung ebenso reibungslos klappen: Reaktion binnen 24 Stunden, Erledigung von 90 Prozent aller Vorkommnisse beim ersten Besuch vor Ort, alles lückenlos getrackt. Drunter machen sie es einfach nicht. So kommt es, dass V-Zug einstweilen keine Stützpunkte hat im Westerwald und in Wolfsburg, wohl aber in München bei Gienger, in Hamburg bei Stein, in Berlin bei Minimum, außerdem bei einigen Dutzend weiteren Fachhändlern in Deutschland. Während die allmählich mehr werden, geht man stärker ins Objektgeschäft. Armani Casa wirbt damit in China und stattet 350 Wohnungen aus mit Waschen und Trocknen, Backen und Garen, engineered, connected und made in Zug. Eine große Zahl Winecooler geht – neben allem anderen, das High-Level-Wohnen heute braucht – nach Beijing. Nach Macao Kühlschränke vor allem, Refresh-Butler, Waschmaschinen und Trockner in Luxusvillen östlich von Antalya. Immer öfter wird man, die Königsdisziplin, ganz konkret genannt in Ausschreibungsbedingungen. Drunter macht es die Immobilienfirma nicht.

Dirk Hoffmann, der Deutsche, steht am Stehpult, das Büro ist funktional möbliert, die V-Zug-Fotowelt von gestern, von heute und für morgen hinter sich, schweizerisch zurückhaltend. Q5-Fahrer, gern zu Fuß ins Büro, ansonsten in die Berge. Was sollen die Menschen denken über V-Zug? „Dass das die Marke ist, auf die man sich verlassen kann, die einen ein Leben lang begleitet."

Und was über den Direktionspräsidenten? „Dass ich einer von vielen bin und Erfahrung die Summe aller Fehler ist, die man macht, und ich eine Menge Erfahrung zum Wohl der Unternehmung einbringe." Philipp Hofmann, Leiter Global Marketing Services und Ansprechpartner aller Mitarbeiter, wenn es darum geht, ihrer Rolle an den Touchpoints immer noch ein bisschen mehr gerecht zu werden, wird konkreter: Der CEO nimmt das Schwere auf sich und teilt das Leichte, führt die Politik der offenen Türen ein und ist der Nahbare, „nicht irgendeiner im Glaspalast, der die Leute gar nicht kennt". Am wichtigsten: Er verlässt das Sichere, den begrenzten Schweizer Heimatmarkt, und bricht auf in die Welt. Herr Hoffmann mit zwei f sagt, er hat diese Erwartung auch an sich: „Ich glaube nicht, dass ich ihr jeden Tag gerecht werde, bemühe mich aber, dies zu tun."

EINFACH ...

WAHRNEHMBAR

- Die Marke ist Mittel zum Selbstausdruck. Indem wir sie nutzen, bestätigen oder überhöhen wir unsere Persönlichkeit.
- Wahrnehmbarkeit hat viele Treiber: einen unverwechselbaren Namen, unerwartetes Design, überraschende Kontaktpunkte. Je stimmiger der Gesamteindruck, desto stärker der Effekt.
- Emotion schlägt Ratio: Wenn die Entscheidungsparameter zu zahlreich sind, verlässt sich selbst der Ingenieur auf sein gutes Bauchgefühl.

Im Silicon Valley arbeiten Tausende smarte, dauerledige Wunschmillionäre am Next Big Thing. Es geht um Bits und Bytes, Omni-Channel, Clouds und Smart Data. Alles ist erlaubt, solange irgendwas mit „disruptive" und „innovative" rauskommt. Als disruptiv bezeichnet der Harvard-Professor Clayton Christensen solche Innovationen, die zerstörerisch sind und ganze Märkte und Geschäftsmodelle nachhaltig und bahnbrechend verändern. Der Personal Computer und das Internet sind so was. Smart Grid, die Technologie zur intelligenten Verteilung von Energie, kann so was werden. Vorerst reicht es völlig aus, das Wort „disruptiv" möglichst häufig in den Mund zu nehmen. Am besten english pronounct. Dadurch zeigt man, dass man am Puls der Zeit ist. Um zu lernen, was das in Tat und Wahrheit bedeutet, bietet „das Valley" Bildungsreisen für Manager an. Klassenfahrt ins Luxushotel, einmal nach Google pilgern und zurück, die Lufthansa sagt Danke. Wieder daheim wissen die Pilger zwar nicht ganz genau, wie sie ihren Fensterbaubetrieb in die Cloud shiften sollen, aber jetzt stimmen zumindest der Look und das Feel beim Disruptivsein: Der Schlips bleibt im Schrank, freitags wird es mit dem Hoodie casual und beim Jahresauftakt der Regionalgruppe vom Branchenverband trägt der disruptive Fensterbau-Leader auf dem roten Teppich schneeweiße Sneakers unterm Smoking.

Und IoT muss zwingend dabei sein – Internet of Things.

Wenn ich das schon höre: Tal der Todes, Tal der Ahnungslosen, Tal des Silikons ... War da was?

Ist noch gar nix! Hans-Otto Schrader, der Chef der Otto Group, will jetzt von allen „Hos" [sic] gerufen werden. Die Gönnung!

Weiße Turnschuhe! Was üblicherweise zum Parkettverweis führt, ist nun Statement: Gott, sind wir jung! Und urban! Und zeitlos vorn mit dabei! So simpel ist das aber alles nicht: Den gewünschten Status vermitteln die Treter nur, wenn es sich um das einzig wahre Modell vom einzig wahren Label handelt: Stan Smith aus dem Hause Adidas. Smith ist Tennisspieler, und zwar ein richtig guter. Amerikaner, fünf Grand-Slam-Titel, Karriere 1985 beendet. Die wahrhaft goldene Trophäe erhält er von Horst Dassler, Sohn des Adidas-Gründers. Der macht mit ihm Anfang der Siebziger den Deal seines Lebens: Smith leiht Adidas den Namen, um in

Amerika Fuß zu fassen; im Gegenzug kriegt er Tantiemen für die Namensnutzung. Was heute, in Zeiten exzessiver Sportlervermarktung, keine Randnotiz wert ist, ist damals extrem disruptiv. Insofern passt es, dass ausgerechnet der Adidas Stan Smith zum Leder gewordenen Symbol der innovativen Szene avanciert. Der Schuh ist ein zeitloses Lifestyle-Produkt, lang nicht mehr auf den Sport beschränkt. Im Geschäftsbericht kürt Adidas ihn zum erfolgreichsten Sneaker aller Zeiten, in inzwischen über 100 Varianten, für etwa 100 Euro. Bis 2005 verkauft man 40 Millionen Paar, sagenhaft für ein Produkt, das weder durch herausragende Laufeigenschaften noch durch einen über die Maßen attraktiven Preis glänzt. Man erkennt sofort: In ist, wer drinsteckt, das macht den Lifestyle aus.

Marken dienen dem Selbstausdruck. Wir bevorzugen solche, die zu uns passen. Schrille Typen tragen Vivienne Westwood, hanseatisch-zurückhaltende finden sich in Jil Sander. Der perfekte Fit zwischen Selbstbild und Marke ist allerdings, wenn es um die Entscheidung für oder gegen ein Produkt geht, nur die halbe Wahrheit. Häufig dienen Marken zudem der symbolischen Selbstergänzung. Wir nutzen sie, um uns in einer bestimmten Dimension zu vervollständigen, gar zu überhöhen. Wer seinem Umfeld signalisieren will, dass er ein harter, disziplinierter, humorbefreiter Hobbyläufer mit Marathon-Ambitionen ist, trägt die Uhr von Polar, Modell V800. Und zwar ganztags, über der Manschette. Diese „moderne GPS-Multisportuhr für ambitionierte Sportfans und professionelle Athleten", so die Website, zeigt einem alles an, was man im Büroalltag braucht: gelaufene Zeit, Kilometer, Streckenführung ... Nur die Uhrzeit muss man lange suchen. Auch das Laufverhalten und wie es einem nach dem Gerenne geht, tut nichts zur Sache. Es ist nur wichtig, über das Image die Zugehörigkeit zu einer attraktiven Gruppe deutlich zu machen. Wen interessiert schon, ob man mit der Uhr jemals wirklich gejoggt ist?

Apple ist bei Selbstergänzung und -überhöhung schon eins weiter: Man braucht gar kein iPhone mehr, nur noch die weißen Ohrhörer an dem weißen Kabel, um sich als Apple-Jünger zu erkennen zu geben. Tipp vom Prof: Wer nur die kauft und das billige Huawei, das unten dranhängt, in der Tasche lässt, ist ganz besonders clever – Geld gespart und trotzdem Member of the Crowd.

> *Dabei sind die Huawei-Besitzer die wahren Markenfreaks. Wie beim Auto: Bei uns in München wirst du in deinem silbergrauen 5er-BMW einfach nicht gesehen.*

Eine Weile geht das noch gut, bis die ganzen Nachmacher ihre Stöpsel ebenfalls in Weiß anbieten. Wer sich auch morgen noch wirklich abheben will, setzt besser gleich auf Beats by Dr. Dre. Diese Kopfhörer sind so groß und bunt, dass sie das erweiterungsbedürftige Selbst garantiert aufpeppen. Auch weil man damit nicht mehr so sehr auf die Grundidee von Kopfhörern – Musik hören, ohne das Umfeld zu stören – fixiert ist. Stattdessen bearbeiten die Riesendinger die Szenerie derart penetrant, dass a) man immer ganz viel Space um sich herum hat oder b) sich viele People von genau der Sorte um einen scharen, von der man viele um sich geschart haben möchte.

> *Gut so: Auch Human Brands brauchen auf der einen Seite echte Ablehner, um auf der anderen echte Fans zu haben.*

Das sind die, die denselben Musikgeschmack haben. Mehr Selbstergänzung geht nicht. Das Beste: Am Ende landet das Geld für die Dr. Dres ebenfalls in Cupertino, Kalifornien. Die Firma gehört Apple.

Mit der Kraft der starken Marke sind wir dazu in der Lage, die Lücke zwischen dem Bild, das wir von uns haben, und dem, das wir von uns haben wollen, zu schließen. Das tatsächliche Selbst, sagt der amerikanische Psychologe Milton Rosenberg, begegnet uns morgens, wenn wir vor allen anderen wach im Bett liegen und uns Rede und Antwort stehen müssen. In diesen seltenen, unerträglich ruhigen Momenten werden die Unsicherheiten und Ängste gleich mit wach. Der erste Gedanke: „Oh Mann, als ich noch cool war, wäre ich nie ohne Not so früh aufgewacht. Ist das senile Bettflucht?" Der zweite Gedanke: „Meine Kinder sagen, dass ich peinlich bin. Ist das liebevoll provokant oder ungebremst wahr?" Der dritte Gedanke: „Meine letzte Assistant to the CEO hat mich noch angehimmelt, die neue äugt nach dem Praktikanten.".

> *Da kriegt das „Morgengrauen" seine wahre Bedeutung.*

Exakt in diesem Moment werden einschneidende Entscheidungen

getroffen: Hugo-Hemden Slim-Fit mit ohne Brusttasche statt Eterna bügelfrei; Q5 statt A5 – kommt kerniger rüber und kommt man leichter rein und auf dem Parking vor dem Clubhaus cooler wieder raus; im Studio anmelden, bei Elements Fitness, dem für die potenten Gewinner, McFit ist für der Assistentin ihren Prakti. Der pumpt da für kleines Geld und legt das Gesparte zurück für den gebrauchten Boxster.

Bist du böse! Wie wachst du denn morgens auf?

Marken entwickeln das Selbst. Das tatsächliche („So nüchtern ist meine Welt") in Richtung ideales („So will ich mich sehen") und soziales („So sollen mich andere sehen"). Sie geben Selbstvertrauen und fungieren häufig als Eintrittskarte zu einer gewissen gesellschaftlichen Gruppe, der Community, der wir angehören wollen. Das Kostüm von Chanel verleiht der Trägerin die Sicherheit, auf den Bühnen des Alltags stets richtig gekleidet zu sein. Mit dem Volvo-Kombi zeigt man, dass einem beim Autofahren die Sicherheit der Familie über alles geht. Und das Pferdchen auf dem Polo-Ralph-Lauren-Shirt sagt im Golfclub alles: Ich bin, du bist, er ist einer von uns! 90 Steine für das Kurzarmshirt – ein Schnapper, wenn einem dafür das wohlwollende Lächeln der Clubmitglieder sicher ist.

Nicht zu fassen, das Logo wird immer größer. Bald geht der Gaul übers ganze Leibchen.

Jetzt hast du mich erwischt: Wie brutal profan die Mechanismen des menschlichen Miteinanders doch sind …

Das Phänomen symbolische Selbstergänzung beschränkt sich nicht auf Endkundenmärkte. Ganz abgesehen davon, dass die Unterscheidung zwischen Business-to-Business und Business-to-Consumer mit Blick auf die unterschiedlichen Charakteristika des jeweiligen Geschäfts zwar nachvollziehbar, bezogen auf die jeweiligen Protagonisten aber irrig ist: In beiden Bereichen reden Menschen mit Menschen. ABB verkauft Automationslösungen nur an Mercedes, wenn sich der Verkäufer von ABB und der Einkäufer von Mercedes gut verstehen und gut besprochen haben. Für beide gelten werktags dieselben Werte, Normen und Regeln wie samstags beim Hemden-Deal beim Herrenausstatter des lang gewachsenen Vertrauens. Beide Parteien sind zumeist informationsüberlastet,

Sag ich doch: Der ABB-Salesguy verkauft werktags die Automation genau so, wie er samstags das Eterna-Hemd bei Breuninger einkauft.

unsicher und alles andere als souverän in ihrer Entscheidung. Und die kritischen Parameter in B-to-B-Märkten sind so vielfältig, dass man, schon aus Selbstschutz, zuerst die Entscheidung mit dem Herzen trifft und sie anschließend mit dem Kopf zu begründen sucht. Wie bei privaten Käufen eben auch.

Bauchentscheidungen machen das Leben leichter. Sie reduzieren die nicht fassbaren Zusammenhänge auf die Parameter, die man intuitiv erspüren kann: Wie sehen die Produkte aus? Wie fühlen sich die Broschüren an? Wer hat den smartesten Außendienstler, die leckersten Bonbons am Empfang? All diese spontan wahrnehmbaren Feinheiten helfen uns dabei, unsere eigene Identität mit der des begehrten Produkts abzugleichen: Wie groß ist der Fit? Wie stark wird mich die Marke bei einer Kaufentscheidung aufwerten – in die Richtung, die ich mir davon erhoffe? Wer sagt, er gründet Entscheidungen ausschließlich auf den gänzlich objektiven Vergleich mehrhundertseitiger Angebote, biegt die Wahrheit. Schon das große Display an einer Maschine, die zur Wahl steht, beeinflusst: Es würde für Innovationskraft stehen, positiv auf den Betreiber abstrahlen und den Bediener mit Stolz erfüllen. Und ein „Ergo" im Produktnamen suggeriert, dass der Anbieter Wert legt auf bandscheibenschonenden Betrieb, Ergonomie eben. Wer so etwas einsetzt, avanciert in den Augen der Mitarbeiter zum Kümmerer und Wohltäter, sogar im Akkord. Da wird die Stanzmaschine in der Firma zum Conversation-Piece am VDI-Stammtisch, wie der 911er vor der Tür. Beides zahlt positiv auf die Marke des Besitzers ein. So einfach ist das Kräftemessen im vorgeblich so emotionsbefreiten B-to-B-Geschehen.

Es gibt Firmen, die kriegen den Auftrag, weil sie mit einer Stanzmaschine von Trumpf stanzen – und obwohl ihr Angebot nur das zweitgünstigste ist.

Ich setz noch einen drauf: Auf der Baustelle regiert Hilti. Wenn der Meister den Bohrhammer braucht, schickt er den Stift „die Hilti holen". Marke egal, Hauptsache, die rote. „Die Hilti" ist der Gattungsbegriff für alle Bohrhämmer. (Das schaffen in ihren Märkten auch Tempo, Pampers und Plexiglas.) Die ist für die

Profis, alle anderen sind für Amateure. Nachvollziehbar, dass der rote Hilti-Koffer zu den meistgeklauten Utensilien am Bau gehört; selbst wenn er leer ist. Was für Herzogin Kate das Täschchen von Longchamp, ist dieser für den Bob vom Bau. Es gibt Maurer, die transportieren in dem roten Koffer ganz was anderes. Imagebildende Maßnahme auf dem Heimweg in der S-Bahn.

Bei uns am Gärtnerplatz in München spielt der Laster „Hilti can do it!" über Lautsprecher, wenn er auf die Baustelle einbiegt. Und zwar laut. Stell dir mal vor, der Brot-und-Butter-Lkw vom Tengelmann spielt „Hier kommt der Tengel-Mann!".

Dazu die Kluft von Engelbert Strauss. Was für ein Brand-Fit!

Eine Marke muss sichtbar und begreifbar sein, nur dann stiftet sie Sinn und damit Wert. Die Rolex erkennt man am Vergrößerungsglas über der Datumsanzeige. Eine solche Uhr ist das Signal für Wohlstand und Erfolg. Andere sind auch toll und teuer, allerdings schwerer auszumachen für das neiderfüllte Gegenüber. Ebenso bemerkt der markenbewusste Farmer einen echten Traktor von John Deere sofort: Das geile Teil erkennt man dank der so einzigartig geformten Motorhaube zweifelsfrei an der Silhouette, noch meilenweit, da ganz hinten am Horizont. Auf der nach oben offenen Skala der Bewunderung kommen da International Harvester und Case nicht mit. Ganz ähnlich gelagert ist der Erfolg von Brembo, dem führenden Hersteller von Hochleistungs-Bremsanlagen für Autos. Wenn der Porsche-Pilot kurz vor Stauende in die Eisen steigt, treten die Teile in Aktion. Der Fahrer (und auch sein härtester Verfolger) spüren ihre ganze Kraft unmittelbar, alle anderen bewundern sie am geparkten Geschoss: Bremssattel von Brembo leuchten signalrot oder signalgelb in den edlen Felgen und machen auf den ersten Blick klar, was hier abbremstechnisch Phase ist. Das Herz meldet dem Kopf: Sie machen mit zuverlässiger Entschleunigung, wenn's drauf ankommt, das unnachahmliche Porsche-Gefühl erst möglich. Fast so eindrucksstark wie Intel, die Weltmeister im Ingredient-Branding. Die kriegen wertvollen Werbeplatz auf der Umverpackung des Computers und laden ihren elementaren Beitrag zu seiner Leistung mit Sinn und Emotion auf: „intel inside". Ohne diese Chips, so nimmt man sie eindeutig wahr, funktioniert kein Rechner, kein Operationssaal, keine Ampelanlage.

Jetzt, wo du's sagst: Das stimmt!

Mein Bäcker hat Croissants mit Milka-Fähnchen. Die kauf ich, weil ich da eindeutig wahrnehme, dass kein ungesundes Nutella drin ist.

Clash of Markendehnung: Wonach schmeckt wohl der „Feine Fleischwürzer" von Lebkuchen Schmidt? Genau, nach Kardamom.

Treiber bei der gelungenen Markendehnung ist nicht das technisch Mögliche, sondern was der Kunde schlüssig nachvollzieht.

Im Hotel Neptun lehnen sie gewisse lieb gewonnene Gepflogenheiten ab. Muss man sich leisten können …

Fünf Sterne wollen zeitgemäß vertont werden. Da gehört die gepflegte partielle Nichterreichbarkeit zum Wohle aller Gäste dazu.

EINFACH …

TRANSPARENT

- Was nicht klar und geradeaus gesagt wird, hat keinen Platz mehr auf dem Markt. Und was Fakt ist und verschwiegen wird, erst recht nicht.
- Der Kunde bekommt alles mit, wägt alles ab, diskutiert alles – bei seinerseits größtmöglicher Offenheit und Transparenz.
- Unternehmen sind die Follower der Kunden, nicht länger umgekehrt. Ihre größte Waffe im Kampf um Umsatz und Gewinn ist die Wahrheit.

Nicht nur aus der Sicht der Kunden ist ein im besten Sinne des Wortes einfach strukturiertes Unternehmen besonders attraktiv. Auch potenzielle Mitarbeiter suchen sich den Arbeitgeber, der ihnen klare Strukturen und – innerhalb dieser Leitplanken – viel Freiraum und viel Potenzial für Entfaltung und Eigenbestimmung bietet. Der brasilianische Pumpenhersteller, Postsortierer und Risikobeteiliger Semco macht es mit radikaler Demokratisierung vor. So gibt es dort bei den Reisespesen nur eine Vorgabe: dass es keine Vorgabe gibt. Jeder ist für seine Flüge und Hotelübernachtungen selbst verantwortlich, Low-Cost-Carrier oder First Class, Airbnb oder Hilton. Das Besondere: Nach der Reise kann im Intranet jeder sehen, wer welche Kosten abrechnet, und sich seine Meinung darüber bilden, wer übertreibt (und, genauso aufschlussreich, wer untertreibt). Eine solche Peer-Prozessorganisation trägt Früchte. „Kontrolle ist eine Illusion", sagt der Chef Ricardo Semler. Stattdessen findet er, dass die Menschen verantwortlich handeln, wenn man ihnen Freiheiten gibt und alle zuschauen dürfen, was sie damit anstellen. Heutzutage kommt sowieso alles raus. Da lässt man besser gleich alles raus aus dem Sack mit den Hinter-dem-Berg-Haltungen. Transparenz bindet Mitarbeiter, fördert das Vertrauen in die Unternehmung, entschärft den Flurfunk, erspart den Schnüfflern mühevolle Kleinarbeit und nimmt Bashern den Wind aus ihren Segeln.

Studien sind sich einig: Harmonie und Entwicklungspotenzial sind Millennials wichtiger als das Gehalt. Die Zeiten ändern sich …

Toller Ansatz. Die Geschichte lehrt allerdings, dass es besondere Ausbildung und Erfahrung braucht, um mit so viel Freiheit umzugehen. Faustregel: Je operativer der Job, desto mehr werden klare Prozesse und Entscheidungsraster geschätzt.

Ganz andere Sachen, die ganz anders auf dem Ticket Transparenz reisen, gehen gar nicht. Da gibt es etwas, das heißt Babynes und ist ein rechtes Kaliber unter den jüngeren taktilen Markteroberungswaffen von Nestlé. Nach dem Modell des Kapselkaffees erschließen sie eine ganz neue Zielgruppe – Babys und ihre Mütter. Hier ist in den Kapseln ordinäres Milchpulver, ein Lowest-Interest-Produkt. Weil das so ist, sprechen sie von allem – außer von Milchpulver: Im Pulverangebot sind „3 Anfangsmilche, eine Folgemilch und zwei Juniormilche" bis zu einem Alter von 36 Monaten, zubereitet von einer „intelligenten Maschine". Die braut auf Knopfdruck den sogenannten Schoppen, einen warmen Humpen Milchpulverwassermilch. Und wenn man es zulässt, meldet sie es dem iPhone, wenn die Nanny einen solchen Schoppen zubereitet, oder die Gewichts- und Ernährungsdaten online an den Kinderarzt oder an die Ernährungsberaterin oder alles gleich an beide. Die Vorteilsargumentation bei Babynes ist die gleiche wie bei Nespresso: Komfort und Convenience.

Der Schoppen auf Knopfdruck ist, besonders nachts, ein Riesenmehrwert. Und was die Datensammelei betrifft, ist die den allermeisten schlicht egal.

So meinen wir das mit der Transparenz nicht. Wir fahren lieber eine schlüssige Nachteilsargumentation. Die Babynes-Chose läuft zwar an, allerdings zögerlich und vorerst in ausgewählten Regionen only. Bei aller Durchschaubarkeit des Konzepts, des Nutzenversprechens und der Funktionalitäten des Apparillos ist klar, warum. Die Vorbehalte von Politik und Gesellschaft gegenüber so etwas sind einfach viel zu groß. Man merkt es daran, dass auf der Website zuallererst ein seitenfüllender Störer auftaucht: dass die WHO während der ersten sechs Lebensmonate ausschließliches Stillen (also nichts von Nestlé) empfiehlt; dass man sich von versiertem Personal im Gesundheitswesen beraten lassen soll, wenn man nicht stillt, oder ob das Baby überhaupt eine Zusatznahrung bekommen sollte; dass eine Mischform aus natürlichem Stillen und Milchpulverwassermilch das natürliche Stillen beeinträchtigen kann; dass die Entscheidung, das Baby nicht mit der Brust zu stillen, nur schwer rückgängig zu machen ist; dass bei Säuglingsmilchnahrung die Empfehlungen von qualifizierten Gesundheitsfachleuten einzuhalten sind … Seit Menschengedenken ist im Grunde klar: Das Baby hat Hunger und es kriegt die Brust. Nun soll es erst abmahn- und prozessvermeidende Texte geben, dann den Schoppen. Ziemlich undurchsichtig, und Unsicherheit und Zweifel verhindern das Gefühl von Komfort und Convenience.

Valide Punkte, aber auch das Marketing der WHO muss umdenken: Mit erhobenem Zeigefinger, vielen Regeln und noch mehr Texten ist bei der Generation Snapchat kein Blumentopf zu gewinnen. Die soll aber die nächsten Kinder kriegen.

Babynes, sagen wir, geht früher oder später vom Markt. Vor allem aus einem ähnlichen Grund wie dem, aus dem die Pampers bei der Markteinführung Anfang der Sechziger ums Haar schon floppen, bevor es richtig losgeht: Die Erfindung ist toll, Wegwerfwindeln statt ewiger Kochwäsche. Nur ist sie falsch positioniert: Der Hersteller bewirbt das Produkt mit den an sich so starken Versprechen Komfort und Convenience – für die Mutter, nicht für das Kind. Ein grandioser Fehler! Keine Mutter lässt sich nachsagen, sie vernachlässigt ihr Baby und macht sich das Mutterdasein leicht, indem sie Wegwerfwindeln verwendet – und mehr Zeit hat für Kaffeeklatsch, Kosmetik, Kanapee. Vielmehr, und das begreifen die Verantwortlichen bei Procter & Gamble und der Werbeagentur Benton & Bowles rasch, geht es in der Tat um Komfort und Convenience – für das Baby! Das Beste für die Brut will jede Mutter, und positionierungsmäßig richtig herum argumentiert, hat sie damit mit den Windelmachern was gemein. Nach der Richtungsänderung läuft es bis heute wie am Schnürchen: „Love, Sleep, and Play", ist der Slogan. Das ist eindeutig und rockt. Babynes dagegen ist nicht gut fürs Baby, nicht gewollt von der Mutter, bloß gut für Nestlé. Das ist zu wenig, auch mit ganz viel Werbedruck.

Convenience hin oder her, das Zeug ist vor allem zu teuer. Bugaboo, Petit Bateau, Au-pair – irgendwann ist mal gut.

Wer durchschaubar ist, ist ehrlich. Und wer ehrlich ist, braucht die alles verkomplizierende Überhöhung der Klarheit nicht. Nichts muss gedehnt, hingebogen, hochgejazzt werden. Für solche Manipulationen ist der Verbraucher inzwischen auch viel zu mündig, informiert, kritisch. Ordentlich positionierte und profilierte Player haben nun mal nichts zu verstecken und nichts zu beschönigen. Sie sind wahrlich transparent und bleiben bei der ungeschminkten Wahrheit, pur und schnörkelfrei. Das schafft Gelassenheit, und die sorgt für die immer wichtigere geistige Entlastung bei den Verantwortlichen in den Unternehmen – und besonders bei den Kunden. Die wollen eine glasklare Lösung, für den Kopf und für den Bauch, und nicht das unterschwellige

Gefühl, sich vielleicht doch nicht richtig entschieden zu haben. Wenn der Bauernhofladen an der Landstraße „Hofladen" heißt, ist das gut. Das Bild im Kopf: Schrumpeläpfel, Hausgeselchtes, lecker Eingemachtes von der bekittelschürzten Austragsbäuerin. Dafür steigt man gern in die Eisen und setzt zurück. Einfacher und transparenter und damit stimmiger geht die Customer-Journey nicht, vom Look & Feel im Laden über das Aussehen der Produkte bis zum kulinarischen Erlebnis daheim, was den Geschmack genauso betrifft wie das beim ersten Bissen losgehende Kopfkino. Diese schöne Vorstellung von echter Handarbeit in einer durchindustrialisierten Welt! Da mühen sich Menschen extra für mich ab! Und eines wird ganz besonders deutlich: der Unterschied zwischen dem gewöhnlichen NAHRUNGsmittel und dem so rar gewordenen LEBENsmittel.

Du doch sicher mit dem Elektrobike, mein Convenience-Lifestyle-Bio-Koautor?

Die Herrschaften von Rewe machen sich die unbändige Kraft dieser heilen Wunschwelt schon zunutze. Ihre Hofladenkette heißt Temma, und das kommt von Tante Emma, höhö; vom Namen her ziemlich plietsch, wie der Bremer sagt. Eine zweistellige Zahl an Läden gibt es schon in Deutschland und es sollen mehr werden. Der Slogan-Kosmos generiert sich bei Temma aus Sprüchen wie „Das leckere bisschen Natürlichkeit. Gleich nebenan", „Natürlich genießen" und „Alles isst natürlich". Da geben die Kreativen alles und sie machen das gut. Der Ansatz passt perfekt in die Zeit. Ins Positionierungs-Statement ist wirklich alles reingepackt, mehr geht nicht: „Temma ist Ihr Biomarkt im Stadtviertel, in dem Sie natürliche Lebensmittel einkaufen, aber auch essen und probieren können. Uns ist es nicht nur wichtig, dass Sie sich bei Temma wohlfühlen, sondern [auch,] dass wir nachhaltiges Essen für Sie zu etwas ganz Natürlichem machen. So garantieren wir, dass ausschließlich Waren in bester Bioqualität über unsere Ladentheke gehen. Und weil das Gute oft so nah liegt, bevorzugen wir für unser Sortiment regionale Produkte. Das heißt aber nicht, dass Sie auf Spezialitäten aus anderen Ländern

Platt und irgendwie cool und geistig entlastend. In Österreich gibt es Billa, billiger Laden. Da weiß man auch gleich, was man kriegt.

verzichten müssen." Nichts vergessen und die Nachhaltigkeit ist auch drin. Wie das alles zusammengeht ... wir wissen es nicht. Wir wissen nur: Der Laden macht einen verdammt guten Eindruck und spricht voll das Habenwill-Zentrum in den Hirnen urbaner Großstadtmenschen an.

Schwieriges Thema. Beim Regiobauern in St. Gallen auf dem Wochenmarkt gibt's Maracuja. Bodenseeklima hin oder her, die wächst da nicht. Unterm Strich gehören auch hier zum Tango zwei: Der Anbieter macht es und der Käufer lässt es mit sich machen.

Was an dem „Bio" wirklich dran ist, wollen wir lieber nicht so genau wissen. Ohnehin fallen uns da auf Anhieb nur zwei Siegel ein, die unnachgeforscht was können – Demeter und Bioland. Viele andere werden schnell mal mit dem Mund gemalt und unterliegen noch schneller mal dem Siegelwahn: Alle verleihen allen alle Auszeichnungen. Kenner wie wir stellen sich bei Rankings und Awards deshalb drei Fragen: 1. Wer hat sie aufgestellt? 2. Wer hat sie gefälscht? 3. Wer hat sie bezahlt? Unterm Strich: Vergesst Bio in einer Zeit, in der Läden wie Basic mit „Bio-Genuss für alle!" werben. Solche pauschalen Sprüche sagen nichts aus über wahre Nachhaltigkeit, Verträglichkeit und ernährungsphysiologischen Mehrwert. Beim Buzzword „ökologische Erzeugung" sollten die Alarmglocken läuten. Und: Lieber wissen als nebulös vermuten, wo Produkte herkommen und wie sie hergestellt werden. Im Zweifelsfall lieber zehn Industriemöhren statt eine Tafel Bioschokolade.

Tipp vom Werbewirkungsforscher: Ganz viele Siegel auf einem Plakat wirken nicht verstärkend, sondern verwirrend – consumer confusion at its finest!

All die schönen alten Begriffe werden einfach so und ohne zu fragen gekapert: Massennahrungsmittel vom „Gut Drei Eichen" und vom „Güldenhof" bei Aldi Nord, vom „Mühlenhof" bei Penny, vom „Birkenhof" bei Tengelmann; bei Norma sind es das „Gut Langenhof" und das „Gut Bartenhof", Netto liefert ohne Umweg vom „Gut Ponholz". Die meisten Liegenschaften gibt es nicht einmal, doch was die Absatzförderung angeht, kommen die Namenserfinder vor Lachen nicht ins Bett. Doch selbst wenn der eine oder andere Max Mütze, das ist der legitime Nachfolger von Erika Mustermann, nicht die hellste Birne im Kronleuchter ist – saublöd ist er sicher nicht. Und on the long run fällt so was zurück auf den, der es loslässt. Und damit auf die Einkochspezialisten von Schwartau: Bei der Produkt-Range „Schwartauer Hofladen“, diesem „fruchtigen Landfrühstück“, handelt es sich laut Produktversprechen um „traditionelle Fruchtkombinationen aus natürlichen Zutaten“. Was sollte an, in dieser Reihenfolge, Zucker, Erdbeeren und dem Verdickungsmittel Pektin auch unnatürlich sein? An anderer Stelle auf der Website steht geschrieben: „Im Rahmen unseres HACCP-Konzeptes (Hazard Analysis and Critical Control Points) beleuchten wir alle unsere Herstellungsverfahren hinsichtlich möglicher mikrobiologischer, chemischer oder physikalischer Gefahren.“ Da haben sich die Herrschaften Bauersleute hinter den gelackten Chefschreibtischen in Ostholstein sportlich aufmunitioniert: „Freuen Sie sich mit Schwartau Hofladen auf einen ganz besonderen Frühstücksgenuss.“ Lieber nicht.

Ich steh auf „Hofchips“ von Lorenz. Die biegt Bäuerin Lorenz fulltime händisch über der Kniescheibe.

Mit der Transparenz ist das also bei den Temmas und Schwartaus so eine Sache. Und generell mit Bio sowieso. In der Imagewerbung von Aldi geht es mit dem Slogan „Einfach ist mehr“ um die geistige Entlastung beim Einkaufen. Sie versuchen damit, wieder markanter zu werden. „Einfach, weil hier Bio-Produkte kein Luxus sind, sondern Standard“, steht auf Plakaten. Von Demeter oder Bioland gibt es da nichts, aber vieles von den Eigenmarken „Bio“ (Aldi Süd) und „Gut Bio“ (Aldi Nord). Wer sich ernsthaft damit beschäftigt, kommt früher oder später drauf, dass das mit dem Bio „ein ziemlicher Dschungel ist, in dem sich wenige gut auskennen und die meisten – besonders die, die damit werben – nicht gut auskennen wollen“. Das sagt Jürgen Hörmann, der mit dem „Joseph's“ im Kölner Rheinauhafen seit Jahren Erfolge feiert. Das Restaurant gibt es wegen der, sagt die Website, „Sehnsucht nach der Ursprünglichkeit des Kochens: feinste Produkte sachkundig veredelt, ohne zu verfälschen“. Für Hörmann bedeutet Natürlichkeit „nie bloß Bio, das sowieso nie zu 100 Prozent drinsteckt, sondern natürlicher Anbau und natürliche Aufzucht, grundsätzlich keine Tiefkühlware, definitiv keine Pestizide und

Ich mag die Art, wie die werben. Da heißt das ganze Hofgut einfach „Bio“.

kein Kunstdünger, nichts versteckt, nichts verpackt. Du kannst es riechen, fühlen, sehen." Bio darf zwar sein, aber allein entscheidend ist die eigene Zertifizierung der Lieferanten. Im Joseph's kommt es durchaus vor, dass sogenannte Bioware abgelehnt wird. Aquakultur ist bei Hörmann („Da bin ich gnädig") unter bestimmten Voraussetzungen erlaubt. Unter anderem dann, wenn sie in freier See stattfindet und ausschließlich natürlich gefüttert wird: „keine Medikamente, Zusätze, Wachstumsbeschleuniger, Krankheitsverhinderer". Wer so denkt und handelt, hat das Gesicht in der Menge der Tausenden von Restaurants in Köln. Wo es wirklich natürliches Essen gibt, spricht sich herum, und das sorgt für Zufriedenheit bei Gästen und Gastgebern – und für gut gebuchte Tische.

Da tagen wir, wenn wir uns mal einig sind. Bei diesem Thema sind wir es.

Die Begriffswolke des guten Werbers: Relevanz, Nachhaltigkeit, Globalität, Verantwortung, Zukunft, Respekt, Perspektive. Auf Englisch: challenge, passion, enthusiasm, relevance, mission, excitement, respect, integrity. Firmen gebrauchen sie, wenn sie a) ihren Produkten nicht trauen, b) keine starken Ideen haben, c) ihre Kunden für dumm verkaufen. Besonders c) rockt nicht mehr so, seit es Social Media und da nicht nur die ganzen kritikwürdigen Auswüchse, sondern auch die paar Segnungen gibt. Sie machen es möglich, dass die aufgeklärte Community das ominöse Gut Ponholz ins Reich der Fabel basht, bevor Netto mit „Gut Ponholz Hähnchen-Brustfilets, frisch, Hkl. A, von deutschen Hähnchen" über den Hofguthof kommt. Als eine Art Transparency International, jetzt totally locally und für jeden Tag.

Die Angabe „frisch" mag ich besonders: Gibt es auf dem Netto-Gut auch unfrische Hendl?

Nicht mehr lange, dann knöpfen sich die Onliner Gillette und all die Rasierhobel mitsamt ihren Extensions und Aufsätzen vor: 5-Klingen-Technologie, Präzisionstrimmer, Lubrastrip mit Indikator, Komfortschutz mit Mikrolamellen, ergonomischer Griff. Allerdings bis auf Weiteres ohne Bluetooth. Allein vom Fusion gibt es diese Varianten (ohne Anspruch auf Vollständigkeit): Power, Proglide, Proglide Power, Proshield, Proshield Chill – und noch was mit dem „Flexball". Alle erstaunlich günstig, wie die Tintenstrahldrucker. Dafür kostet die Tinte, äh, der Achtersatz Klingen für den Fusion etwa 23 Euro, der für den Fusion Power 25 Euro ungerade. Lieber was von dem kleinen daueraufständischen Mitbemüher Wilkinson: Der „Hydro 5 Groomer" (was schnupfen die da im Marketing?) trimmt, rasiert, schneidet die Konturen – und erhält dank Gel-Reservoir statt konventioneller Gleitstreifen den Feuchtigkeitsgehalt der Haut. All das liegt an den fünf Ultraglide-Klingen mit den Skin Guards. Achtmal Klingenaufsatz für unter 20 Euro. Der Mann von Welt dreht hohl an der Wand beim Rossmann und entscheidet sich mit etwas Bedacht, ganz der Smartshopper, für den Isana-Men-2-Klingen-Rasierer inkl. zehn Klingen für 2,99 Euro; die Ersatzklingen jeweils für eine sehr, sehr kleine Handvoll Euro mehr. Und gut ist. Kommt ja sowieso wieder mehr darauf an, wie man hinter der Visage statt bloß zu deren Pflege ausgestattet ist.

So weit, so clever: Von meinem Lieblingsmückenschutz Anti Brumm (der Name ist sensationell) gibt's auch Forte, Classic, Naturel, Sensitiv und Night. Da sollte die gemeine Stechmücke gut lesen können – damit sie im Anflug weiß, worauf sie sich gefasst machen muss.

In Marketing und Innovation ist Gillette Best Practice. Nur: Wie lange dauert es noch, bis die den Bogen überspannen? Smarte Einfach-rasieren-Online-Provider sind schon am Start!

Transparenz ist etwas Wunderbares – wenn man nichts zu verbergen hat. Besonders glaubwürdig kommt sie bei Frosta rüber. Der Tiefkühlkost-Provider spielt die Karte sehr gekonnt und verschafft sich damit einen Vorsprung vor dem Wettbewerb. Da ist zum einen das Original-Frosta-Reinheitsgebot: „Keine Farbstoff- und Aromazusätze (Sternchen oben: auch keine sog. ‚natürlichen Aromazusätze', die häufig im Labor hergestellt werden), kein Zusatz von Geschmacksverstärkern, keine Emulgatoren- und Stabilisatorenzusätze, keine chemisch modifizierten Stärken und gehärteten Fette." Das ist in einer durchweg gustoverstärkten Zeit der wahre Geschmacksträger für zeitgemäßes Wirtschaften. Und für den Blog auf der Website allemal. Da diskutieren, so der Anspruch, offen, ehrlich und aus erster Hand die lieben Frosta-Kollegen mit dem geneigten Onlinepublikum über aktuelle Themen aus dem Bereich Ernährung. Und – Achtung! – „alle Blogbeiträge sind unzensiert und ungefiltert. Die Artikel werden nicht von Agenturen vorformuliert noch vorgeschlagen." Das Deutsch

Das Briefing für den Onlinedienstleister wird das verlangt haben. Doof gestanzt texten kann jeder, gut krumm texten können nur wenige. Es geht um die (Rück-) Gewinnung der Glaubwürdigkeit. Das gelingt hier gut. Im Übrigen freue ich mich auf dieses neue Forschungsfeld.

ist ein bisschen krumm wie eine Ökomöhre, aber das macht es so pur und echt und die Frostarier damit so nahbar. Insgesamt ist dieses Herangehen an den Verbraucher immer noch ungewohnt und begehrenswert und damit so glaubwürdig. Viele wollen es, doch diesen Eindruck schaffen nur die wenigsten. Es gehört eben viel mehr dazu, als nur zu wollen und ein bisschen so zu tun als ob.

So einfach im Grunde, und jedes Management könnte es. Das von Frosta will, ganz unbedingt. Deren Blog kommt sogar rüber wie beabsichtigt: Salze und Säuren und Grillfleischmarinaden können das Aluminium in der Schale lösen, deshalb nehmen sie nun Pappschalen; 100 Prozent des Alaska-Seelachses kommen direkt aus Alaska und sind „single und sea frozen", die Fische werden also direkt nach dem Fang an Bord der Fischtrawler filetiert und eingefroren etc. Die Moderatoren moderieren, aber manipulieren offensichtlich nicht, „denn wir möchten Ihnen einen ähnlich direkten Eindruck von unserer Philosophie vermitteln, als wenn Sie uns gegenübersäßen". Strike!

Wer was zu bieten hat, braucht keine Fisimatenten zu machen. Wer aber unsicher ist, schlingert, vergisst, mit der Zeit zu gehen, gerät aus der Spur und braucht den Mehr-Sein-als-Schein-Hebel. Wenn sogar ein ehedem so edles wie klar positioniertes Medium wie der Spiegel auf einmal anfängt, sich zu verhalten wie der Aale-Dieter auf dem Hamburger Fischmarkt, ist Eindeutigkeits- und Klarheitsgefahr in Verzug. Zuweilen geht das so weit, dass er sich in der „GMX Vorteilswelt" als Zugabe verramschen lässt. So schickt der Mailprovider ungebeten etwas von der Sorte „Ihr Online-Kredit mit bis zu 100 Euro Cashback! +++ DER SPIEGEL + Mini-Digicam gratis!" Cashback ist der Irrsinn im Quadrat: Man bekommt Geld zurück, wenn man Geld ausgibt; in Amerika 2.000 Dollar für einen Chevrolet Silverado und bei uns 100 Euro für einen Onlinekredit. („Wenn das Geld grade mal nicht reicht und Sie einen Kredit benötigen, empfehlen wir den

Es geht um die Daten. Damit wird Geld verdient, nicht mit dem Kredit. Du zahlst für das Produkt – oder du bist es.

Kreditvergleich mit Check24: Sparen Sie so bis zu 2.000 € und kassieren Sie dazu bis zu 100 € Cashback! Überzeugen Sie sich außerdem 7 Wochen lang von DER SPIEGEL zum Sparpreis, und Sie bekommen eine Mini-Digitalkamera geschenkt!") Und bei Panasonic gibt es zuweilen bis zu 400 Euro dafür, dass man „ein Elektronik-Produkt" kauft.

Cashback springt viel zu kurz und verprellt die echten Fans. In Deutschland wird sich das rasch erledigen.

Ganz abgesehen von dem unvorteilhaften Marketingsprech: Wir wissen wohl, dass der Mensch nicht rational handelt. Dass er aber derart irrational handelt und viel Geld gegen Ware und wenig Geld eintauscht, finden wir shocking. Und der Spiegel macht seine in gut 70 Jahren aufgebaute Marke, lange Zeit Inbegriff von Qualität und Transparenz, kaputt für ein paar Dreingaben zu einem Darlehen von so etwas Ominösem wie Check24, die so ziemlich für alles stehen – außer für die ihrerseits so heftig proklamierte (Preis-)Transparenz.

„WAS MACHT LINDIG-FÖRDERTECHNIK EINFACH MARKANT, HERR LINDIG?“

Jeder will fokussiert und klar positioniert sein und auch so wahrgenommen werden, um im Kampf um die Aufmerksamkeit von Kunden und Konsumenten ganz vorn dabei zu sein. Doch mit Mut und Konsequenz dafür, dass es so ist, sorgen die wenigsten. Dabei sind die Werkzeuge denkbar einfach und muss, wer sich in seiner Branche zuerst knackig positioniert und dann das entsprechende zielgerichtete Marketing macht, weniger tun, um mehr zu erreichen. Ein so einfaches wie wirkungsvolles Instrument ist das „Zürcher Modell der sozialen Motivation“. Es differenziert zwischen drei Positionierungs-Stoßrichtungen: der Dimension „Sicherheit“ mit Faktoren wie Tradition und Familie, der „Erregung“ mit Fantasie und Neugier und der „Autonomie“ mit Leistung und Geltung. Wer sich – als Unternehmen genauso wie als Mensch – zum Beispiel davon angeleitet traut, mutig in eine Richtung zu gehen, hat im Rennen um das ebenso klare Gesicht in der Menge die Nase vorn. Vor lauter Zögern und Vorsicht überall zu sein, bewirkt das Gegenteil: Beliebigkeit, Austauschbarkeit, Belanglosigkeit.

Sven Lindig wendet bei der Positionierung seines Unternehmens sein ganz eigenes Modell an. Bei ihm wird deutlich, dass Fokussierung und Markenbildung nicht nur etwas für die großen Player sind, sondern für jeden; und wie viel Freude das bereiten kann.

Hier arbeiten sie nicht, weil es in der Zentrale in Krauthausen, unweit von Eisenach und mitten in Deutschland, warm und trocken ist; sondern, so die Führungskräfte über dem Schnitzel mit Kartoffelsalat im benachbarten Großpresswerkzeug- und Karosserieblechteilewerk von BMW, weil es „einfach geil" ist. Und damit meinen sie nicht die große Marke BMW… Wenn man bei Lindig zu früher Stunde über den Betriebshof läuft, lässt der Fahrer des Sattelschleppers, hinten drauf der monströse Gabelstapler, das Fahrerkabinenseitenfenster runter und ruft sein schneidig-frohgemutes „Guten Morgen!". Und wenn Frau Gröger, die linke und die rechte Hand des seit 1899 vierten Seniors, Cappuccino macht, macht sie Arbeitsbühnencappuccino: Stahlschablone, Kakaopulver, Hingabe beim Bestreuen, fertig ist der Eindruck für die Gäste, den es so nur einmal gibt. Wie kann das alles sein, machen sie bei Lindig doch so unerotische Sachen wie „alles rund um Gabelstapler, Lagertechnik & Arbeitsbühnen"?

Im Rahmen der Unternehmensnachfolge (der Junior wird der neue Senior) vor einigen Jahren geht es darum, „wo wir jetzt stehen und wo wir hinwollen. Diese ganzen lehrbuchmäßigen Dinge: Vision, Mission, was ist unser Auftrag, welche sind unsere Werte …?" Die Wertebasis wird festgelegt, „Offenheit" und „Ehrlichkeit" ganz oben, und weil jeder solche Begriffe anders interpretiert, machen Theaterleute in Workshops eindeutig und greifbar, wie sie hier gemeint sind. Alles soll zu einer lustvollen Positionierung voller Freude und Energie führen, klar in der Erregungsdimension angesiedelt. Bei Autos versteht man das gut, da ist BMW dort positioniert, Mercedes dagegen bei Sicherheit und Audi bei Autonomie. Bei Joghurt versteht man es ebenfalls: Müller-Milch bei Erregung, Landliebe bei Sicherheit, Weihenstephan bei Autonomie. Aber geht das auch mit Fördertechnik? Solche Leute müssen doch ölverschmierte Blaumänner tragen, bei der ersten inspektiösen Durchsicht „Das wird teuer …" murmeln und ansonsten eher lustfrei-einsilbig rüberkommen!

Bei Lindig geht das, dort sollen alle ähnlich denken und handeln wie bei BMW und Müller-Milch; müssen es sogar, damit sich jeder der 300 Kollegen in dieser eigenen Welt des Hebemaschinenverkaufs und -verleihs unter seinesgleichen fühlt. Und damit auch Kunden spüren, wie man hier tickt. An sechs Standorten und vier weiteren Mietstützpunkten in Mittel- und Ostdeutschland, wo sie kleine Lager- und riesige Containerstapler vermieten und alles zwischendrin; außerdem Anhänger-, Scheren- und Teleskop-Arbeitsbühnen, Arbeitshöhe 6,52 bis 105 Meter. Wo sie Gabelstapler von Linde verkaufen, der Marke schlechthin in den Augen derer, die täglich was zu stapeln haben – die Hilti unter den Staplern. Und auf der eigenen Akademie dafür sorgen, dass man mit diesen Geräten sicher und effizient umgeht. Wer an Bord ist, soll den Slogan kennen und mitreden darüber, was er jeden Tag neu bedeutet: „Lindig kann auch Ihr Problem." Henkel & Berndt sagen: Kunden haben schlimmstenfalls Herausforderungen, aber keine Probleme. Der Chef sagt: Danke fürs Gespräch, wir bleiben dabei, offen und ehrlich, und reden nicht drum herum. Er ist die Menschenmarke vor und hinter der Unternehmensmarke, und er kümmert sich darum, dass alle anderen unter dem Dach von Lindig ebenfalls Menschenmarken sind. Sie geben Stahl und Hydraulik, Gummi und Öl erst das Gesicht. Und sind die Gewähr dafür, dass nicht irgendein Stapler oder irgendeine Bühne arbeitet, sondern dieses eine Gerät von diesem einen Anbieter. Das ist der kleine lustvolle Unterschied in der großen weiten Welt der Austauschbarkeit, wie er größer und weiter nicht sein kann.

Es gibt ein ganzes Büchlein für die Mitarbeiter: „Einblicke in unser außergewöhnliches Unternehmen". Selbstbewusst durchaus, kann doch nur außergewöhnlich sein, was man sich hinter dem Rücken eines Unternehmens so erzählt darüber. Die hier dürfen selbst über sich reden, ihr Eigenbild drinnen stimmt beachtlich weitgehend überein mit dem Fremdbild draußen. In dem

Büchlein steht, dass der Slogan „nicht jedem gefallen wird. Weil er eckig ist. Weil manch einer zuerst denkt, dass etwas fehlt. Und genau deshalb ist er gut. Weil er hängen bleibt und zum Denken anregt." So arbeiten gute Werte auf der Basis einer kraftvollen Positionierung in der Tat am besten. Es macht eine Marke stark, die auf der einen Seite echte Ablehner haben muss, um auf der anderen echte Fans zu haben und dadurch wirklich stark zu sein. Lindig will nicht der größte, nicht für alle sein, sondern für all diejenigen, für die in dem Fall, dass sie etwas zu heben haben, nur dieser eine Problemkönner infrage kommt. „Der Kunde hängt nicht von uns ab, sondern wir von ihm", schreibt der Chef. Und dass es seit 1990, als der dritte Senior Manfred mit der Reparatur von Blattfedern für DDR-Autos aufhört und mit sechs Mitarbeitern neu mit Gabelstaplern anfängt, nur bergauf geht. Der Anspruch manifestiert sich in der Vision: der führende Systemlieferant für innerbetrieblichen Warentransport bleiben sowie deutschlandweit ganz vorn sein als mittelständischer Arbeitsbühnen-Vermieter; weiter wachsen als der innovative Vorreiter; Bodenständigkeit vereinen mit Innovation, Kontinuität und Veränderung.

Davor bewahren, dass da jetzt nicht fünf Euro ins Das-haben-wir-schon-immer-so-gemacht-Phrasenschwein kommen, das auf dem Konferenztisch steht, kann nur das tägliche Tun. Es löst den Anspruch ein. Dabei geht es vordergründig nicht ums Heben, vielmehr um das Lösen von Problemen, Realisieren von Ideen, Erfüllen von Träumen: Wer sein Haus mit seiner Lieblingsfarbe streichen will, wird nicht vergessen, mit wessen Bühne das meisterhaft gelingt. Stolz auf die neue Leuchtreklame, mit viel Hirnschmalz und Nerven wahrgemacht, ist man erst, wenn das richtige Gerät dafür sorgt, dass sie endlich hängt. Und wer in seinem Lager gleich findet, was er sucht, und dadurch Zeit und Geld spart, hat den Menschen von Lindig im Sinn, der alles weiß über Warenfluss und -logistik und dafür da ist, dass die beste

Lösung Wahrheit wird. Faktor Mensch: „Ich höre oft von einem Kunden", sagt Herr Lindig, „dass unser Kraftfahrer derart viel von der ganzen Technik weiß und dermaßen stolz ist auf seinen Lkw, dass er ihn am liebsten abwerben würde." Damit das nicht passiert, setzt er auf Wertschätzung und die Befähigung zum Selberdenken und -handeln. Das Jahresmotto zeugt von dieser Einstellung: „Mit Veränderung auf Augenhöhe" nach „Jeder zählt. Miteinander sind wir die Problemkönner." oder „Gemeinsam unsere Werte aktiv leben!" Es kommt groß raus in den Gängen, wo „Ehrlichkeit" und „Qualität" und die anderen Treiber fürs Problemlösen hochkant an den gläsernen Bürotüren stehen und die Auszeichnungen und Preise ausgestellt sind – Top-Job-Arbeitgeber, Großer Preis des Mittelstandes, Axia Award ...

Sven Lindig will es wissen, angetrieben von der Vision, in der vermeintlichen Low-Interest-Branche auf diese eine, seine Art sein einzigartiges Profil zu haben. Der weit auskragende neue Teil der Verwaltung trägt dazu bei. Betonpfeiler tragen ihn, die aussehen wie die kräftigsten Hydraulikstützen, die man im Gewerbe je gesehen hat. Sie nennen die Auffahrt zu den Lagerhallen, wo die Lindenbäume stehen, „Unter den Linden". Weiter oben rauscht die Autobahn A4, unweit von Herleshausen. Früher war hier Schluss, Zonengrenze, heute geht's genau hier los, finden ziemlich viele von 700 Gabelstaplern und ebenso vielen Arbeitsbühnen den Weg zu den Kunden und nach getaner Arbeit wieder zurück. Der Chef ist der Nahbare, bezieht Position wie seine Firma, im gesunden On-Modus, familiengeerdet, inhaltsgeladener Blogger auf der Firmenwebsite. Im Mittelstand funktioniert es am besten, wenn beide Profile aus einem Guss sind, das der Firma und das des Machers. „Sicher gibt es Leute, die denken, der hat nicht genug zu tun." Andererseits, sagt Herr Lindig, „zieht das alles die richtigen Mitarbeiter und Kunden an", und, viel wichtiger: „Ich bemerke dadurch bei einigen Kunden, dass wir nicht zusammenpassen. Sie schauen auf uns herab, begegnen uns nicht auf Augenhöhe oder wollen uns ausnutzen. Die verlieren wir ganz bewusst. Dafür kommen andere zu uns, die sagen, wir sind auf einer Wellenlänge, auch wenn ihr ein paar Prozent mehr kostet, euch wollen wir als Partner haben."

So geht das mit der mutigen, ernst gemeinten Positionierung: nicht alles für alle anbieten, irgendwie, sondern das Begehrenswerte für die, die so ticken wie man selbst. Es sorgt halbautomatisch dafür, dass die richtigen Menschen kommen und bleiben, Kunden wie Kollegen. Und für geistige Entlastung, indem ganz klar wird, worauf man sich konzentrieren muss und was man getrost alles weglassen kann auf der Mission, die scharf formulierte Persönlichkeit zu leben und erlebbar zu machen. Die Lindigs wollen mit Menschen arbeiten, die so ver-rückt sind wie sie, anders als die anderen in einer Branche, die von Haus aus so unspannend ist wie irgendwas; mit austauschbaren Anbietern, und wo es um fünf Euro weniger pro Miettag geht und immer noch ein bisschen mehr Rabatt beim Kaufstapler. Auf die Dauer geht so etwas schief: „Es gibt genug Marken, die 1990 mit uns angefangen haben und schnell verschwunden sind." Herr Lindig spricht es aus, demütig und dankbar dafür, eines der hundert „wachstumsstärksten Unternehmen Europas" zu sein, wie die IESE Business School in Barcelona bei der Untersuchung von mehr als 20.000 Unternehmen herausfindet.

Wer erleben will, wie die ticken, hat am besten ganz hoch oben was zu streichen, eine Leuchtreklame zu montieren, einen neuen Logistikstandort zu planen. Dann schlägt die Stunde der Wahrheit für Lindig, im Moment des einzigartigen Erlebnisses: Legen sie ausreichend viel Fantasie und Neugier an den Tag, am Telefon, beim Beraten, bei der Übergabe, im Problemfall, bei der Abholung, bei der Abrechnung? Unterm Strich: Können die auch mein Problem? Es wird klappen. Auch weil da immer ein motivierter, engagierter, optimal beschäftigter Mensch am Werk ist.

Dafür ist auch die „Anti-Langeweile-Garantie", die Möglichkeit, übers Intranet Aufgaben zu tauschen. Lustloses Erledigen von To-dos kennt man hier nicht, vielmehr erregende Freude am Tun. Vor allem auch an den 364 Tagen im Jahr, an denen nicht gerade Staplercup ist – großes Wettstapeln im Frühsommer, millimetergenau laden und abladen, schnell dazu und, am wichtigsten: Wer lacht, lernt. Sicher zu stapeln und Unfälle zu vermeiden. Außerdem ganz nebenbei, wo und wie dieser Player in der Welt des Hebens und Förderns positioniert ist und was alle davon haben.

Kundenvergrauling at its best. Da hatte der Maître d'hôtel einen schlechten Tag an der Kreide.

An der Stelle von Rivella würde ich dem die Tafel entziehen.

Bei aller Liebe, das geht zu weit!

Ich liebe doch die sach- und fachgerechte Auseinandersetzung mit dir. Welche markante Brücke passt dazu?

EINFACH …

POLARISIERREND

- Wer auffallen will, muss klare Kante zeigen – und zwar bei der Ansprache und bei der Abgrenzung vom Wettbewerb.
- Polarisierung entsteht, indem man Hauptunterschiede herausarbeitet und in der Kommunikation dramatisiert. Der Kunde will wissen, was A von B differenziert, mehr nicht.
- Polarisierung ist nichts für Weicheier. Klare, kontrastierende Ansagen erleichtern dem Kunden die Entscheidung für oder gegen das eigene Angebot.

Rosser Reeves ist einer der wichtigsten Wegbereiter der Werbeindustrie. Anfang der Fünfziger bringt er erstmals Werbung ins Fernsehen. Und als Wahlkampfberater von Dwight D. Eisenhower rückt er die Idee der Persönlichkeitsvermarktung in die Mitte der amerikanischen Gesellschaft. Die Basis seines Erfolgs ist vor allem eines: einfach. Zuvor hat er den Begriff „Unique Selling Proposition“ (Alleinstellungsmerkmal), den heute jeder ganz selbstverständlich als USP kennt, in die Marketingpraxis eingeführt: Jedes Produkt braucht eine aus Kundensicht nutzenstiftende Besonderheit, mit der es sich eindeutig und nachhaltig vom Wettbewerb unterscheidet. Die USP erlaubt es dem Kunden, vor dem Kauf zu beurteilen, ob das Produkt seinen Bedürfnissen gerecht würde oder nicht. Deshalb sollte genau sie (und nur sie) der Ausgangspunkt aller Kommunikationsaktivitäten sein. Wer nicht sofort auf diesen Punkt kommt, wird überhört. Entsprechend kommt der Werbung die Aufgabe zu, die USP in Szene zu setzen, sie zu dramatisieren und ins Zentrum des Verkaufsversprechens zu rücken.

Also ist das, was wir Human Branding nennen, in Wirklichkeit schon lange en vogue!

Um seine Überzeugung zu vermitteln, erzählt Reeves damals stets dieselbe Geschichte, die noch heute, gut 30 Jahre nach seinem Tod, ihren Platz in den Ausbildungsprogrammen für Werbeexperten hat: Es ist einer der ersten warmen Frühlingstage in New York, als er mit einem Kollegen auf dem Rückweg vom Mittagessen im Central Park an einem Bettler vorbeikommt. Vor dem Mann das Schild „Ich bin blind“ und der Becher für die Münzen. Der Becher ist leer. Reeves erkennt sofort, dass der Bettler eine falsche Strategie hat – eine, die vorbeieilende Menschen offensichtlich nicht genügend fesselt und vor allem nicht zum Geben animiert. Er bietet seinem Kollegen eine Wette an: Es reicht, vier Worte auf dem Schild zu ergänzen, um dem Bettler innerhalb kürzester Zeit dramatische Mehrumsätze zu bescheren. Der Kollege schlägt ein. Reeves schreitet zur Tat: „Es ist Frühling und … ich bin blind.“ Nach wenigen Stunden, so wird noch heute kolportiert, hat der Bettler

Er sollte PayPal akzeptieren, extrem disruptiv. In den USA machen es schon einige.

sein Umsatzziel für die ganze Woche erreicht. Was Reeves hier bemüht, ist das sogenannte Kontrastprinzip: Mit dem Bild vom Frühling wird den Passanten schlagartig bewusst, wie schön es ist, nach dem langen grauen Winter die bunten Farben des Frühlings sehen zu können. Die Tatsache, dass dem blinden Mann dieses wunderbare Erlebnis versagt bleibt, wird schmerzlich spürbar und erzeugt das Bedürfnis zu helfen. Relevanz entsteht durch 1. Inhalt (was habe ich zu bieten?), 2. Kontext (in welchem Zusammenhang biete ich es an?) und 3. Kontrast (welchen gleich ins Auge fallenden Unterschied formuliere ich?). Das gilt im Informationszeitalter erst recht.

Ich würde „Kaufen Sie sich das gute Gefühl!" draufschreiben, das funktioniert auch. Und du, mein Professor?

Im Grunde ist das so logisch, dass es quietscht. Warum wird das in St. Gallen immer so tragschwer formuliert?

Vettelschoß ist ein Örtchen in der Nähe von Linz am Rhein. Die bedeutendste Familie heißt Birkenstock und steht für ein Produkt, das die latschengewordene Friedensbewegung verkörpert: Ökosandalen mit Doppellederriemen und Gesundheitsfußbett. Bequeme Funktionsschuhe fürs Schwesternzimmer. Seit dem Tag, an dem Carl Birkenstock in den Sechzigern die erste Fußbettsohle mit Latexmilch und Kork angerührt und der Mutter in den Backofen geschoben hat, steht bei der jahrhundertealten Schuhmacherfamilie jeden Abend warmes Essen auf dem Tisch. So weit, so beschaulich. Bis 2013, dem Jahr, das alles verändert: Phoebe Philo, Creative Director beim französischen Modelabel Céline, radikalisiert die etwas beliebig gewordene Firma und schickt die Models mit flachen Sandalen mit breiten Riemen und Pelzeinlage auf den Catwalk. Das Ergebnis ist wunschgemäß – Aufschrei! Die Kritiker, genauso wunschgemäß halb entsetzt und halb verzückt, taufen die Latschen Furkenstocks (fur, engl.: Pelz). Weitere Designer wie Riccardo Tisci von Givenchy und Giambattista Valli ziehen schnell mit ähnlichen Modellen nach. Los geht der Hype.

Und die Niere auf der 18 hat schon wieder geklingelt!

Wie banal das ist, einen Trend zu begründen … Lass uns das mit dem radikalsten disruptivsten Leser machen: Wer traut sich? amaze_me@brandamazing.com.

Seither kicken die Birkenstocks in der Weltliga der Modeindustrie und die Müslis verstehen die Welt nicht mehr. Die Luxus-Onlineboutique Net-a-Porter listet plötzlich Birkenstock. In Hollywood schwören Jessica Alba und Naomi Watts auf das Modell Arizona in Ozeanblau und Schwarz. Ashley Olson, der eine Zwilling, von Geburt an im Fernsehen vorgeführt und vermarktet und heute Chefdesignerin bei ihrem Label The Row, flaniert mit dem Modell Gizeh durch Manhattan. Und uns Heidi (Klum) hat einige Jahre ihre Birkenstock by Heidi Klum Collection. All das und viel mehr veranlasst die Modebibel Vogue, „Pretty Ugly: Why Vogue Girls Have Fallen For The Birkenstock" zu titeln („Schön hässlich: Weshalb Vogue-Girls Birkenstocks verfallen sind"). Mehr geht nicht. Am Ende steht die Erkenntnis, dass die Wege der Mode unergründlich sind. In Neustadt an der Wied, am Firmensitz von Birkenstock unweit von Vettelschoß, reibt man sich die Hände. Jetzt sitzen sie dort in einem dreistöckigen Metall-Glas-Komplex. Es gibt professionelles Marketing, einen Designer und mit Oliver Reichert einen Geschäftsführer, der als ehemaliger Chef des Sport-TV-Senders DSF Medien- und Lifestyle-Kompetenz hat. Dessen Frau „hasst die Dinger" zwar, aber er selbst fängt irgendwann an, sie zu tragen, „weil die Funktion nun mal unwidersprochen ist". So weit, so erfolgreich.

Dabei hat man lange Zeit von Personalquerelen und Betriebsratsdramen gelesen. Jetzt geht es endlich wieder ums Produkt.

Konstruktiv polarisierend und nachhaltig stark bleibt die Weltmarke (als solche kann man sie inzwischen bezeichnen), wenn sie – bei aller Markenspreizung – ihren Wurzeln auch im Hype treu bleibt. Das ist ein ziemlicher Spagat. Das Herz des Produkts, seine ganze Heritage, ist das Fußbett von Carl Birkenstock. Das darf nicht angetastet werden, selbst wenn sich damit Ausflüge in die Welt der Stilettos verbieten. Als Marc Jacobs bei Birkenstock vorspricht und die Zusammenarbeit vorschlägt, lehnt Oliver Reichert konstruktiv-kompromissfrei ab. Zu groß erscheint ihm die Gefahr, dass Jacobs „an die Sohle ranwill". Stattdessen fällt die Entscheidung auf den Weltstar Yohji Yamamoto, wohl auch weil sich die Japaner am allerbesten auf die Reduktion aufs Wesentliche verstehen. Yamamotos erste weltmännische Interpretationen der Latsche, ganz in Schwarz, gibt es online in der Linie

Ganz wichtig, beim Produkt wie beim Menschen: Man kriegt den Westerwälder aus dem Westerwald, aber nicht den Westerwald aus dem Westerwälder.

„Y's by Yohji Yamamoto" für 450 Dollar oder für 568 Dollar und reduziert schon für 227 Dollar das Paar.

> *Wie sprechen das die Sohlenbäcker im Personalverkauf aus?*

> *Was für ein Preispremium, selbst dann noch! Die gemeine fleischfarbene B-Sandale kostet 55 Euro. Kann man die Riemchen färben?*

Weitere Modelle sollen folgen. Marc Jacobs, erzählt man sich in der Szene, kratzt derweil weiter an der großen Pforte. Es könnte schlechter laufen für Birkenstock. Vor allem noch viel besser, der Boss sieht das Potenzial noch lange nicht ausgeschöpft. Wir sehen das genauso: Hier versteht es jemand, das Stilmittel der Polarisierung zum Wohle aller einzusetzen und den schmalen Grat zwischen identitärer Herkunft und weltmännischer Erdverbundenheit grazil zu meistern.

Wer polarisiert, sorgt dafür, dass Gegensätze stärker zutage treten. Das geht auf dem kommunikativ-inhaltlichen Weg, indem man wie Sixt eine deutlich andere Tonart anschlägt als die Konkurrenz.

> *Ts, ts, die Konkurrenten von Sixt sind bestenfalls Mitbemüher. Oder Mitbewunderer.*

Es geht andererseits über das Produkt und das Produktdesign. Birkenstocks gefallen nicht immer und jedem, genau das macht die einfach markante Marke aus. Indem sie ausgewählte Zielgruppen und deren Bedürfnisse explizit anspricht, schließt sie andere konsequent aus: „Everybody's Darling is Everybody's Depp." Der ist von Franz-Josef Strauß. (Der Mann konnte gar kein Englisch, aber den hat er noch rausgebracht.)

> *Das Schönste: Wer polarisiert, weiß viel besser, um welche Zielgruppen er sich gar nicht erst zu bemühen braucht. Das macht das Leben einfacher.*

Kriegsentscheidend in der Kassenzone ist, dass einem genau dieses eine Paar Schuhe zwischen all den Schläppchen ins Auge springt. Wer sich bei der Kaufentscheidung vorstellt, wie Heidi Klum den Rackern daheim die Schlemmerfilets à la Bordelaise in den Bs auftischt, weiß Bescheid. Polarisierung macht die Verhältnisse glasklar: mittags diese einen, abends die Louboutins. Da geht noch mehr, grade bei Schuhen. Wichtig: Man trägt nur die, an die sich alle anderen am nächsten Morgen noch erinnern. Solche mit Lederriemchen oder roten Sohlen gehören dazu.

Inhalt, Kontext, Kontrast: Formidabel umgesetzt ist die Polarisierungsstrategie bei Sixt. Streikt die Bahn, verweisen sie binnen Tagesfrist auf die Vorzüge des Autoleihens – und machen den Streikführer in Anzeigen zum Mitarbeiter des Monats. Im Kontext des Nicht-Zug-fahren-Könnens ist die Existenzberechtigung von Autoverleihern schmerzlicher denn je spürbar. Regen sich die Schweizer über einen deutschen Politiker auf, der sich im Ton vergriffen hat, zeigt man auf Plakaten deutsche Premium-Automobile: „Günstiger bekommen Sie nie wieder einen Deutschen zu treten." Mit dem Kernthema hat das wenig zu tun, es bedient jedoch famos den Zeitgeist. Und nutzt die Thermik kontrovers in den Medien behandelter Themen, um die Aufmerksamkeit anzureichern und sie auf sich selbst zu lenken. Das unterscheidet Sixt eindeutig von Europcar und Hertz und ist dazu geeignet, die Entscheidung für einen Verleiher mit dem Bauch zu treffen, wenn der Kopf nicht weiß, wo die C-Klasse am günstigsten ist. Schmunzeln macht Mietverträge und die sind gern orange.

Besonders weil die farbliche Differenzierung in Gelb (Hertz), Grün (Europcar) und Rot (Avis) allein nicht genug polarisiert. Dafür braucht es schon mehr.

Auch beim Polarisieren ist B-to-B wie B-to-C: Als der Zementhersteller Holcim noch nicht mit Lafarge zusammen ist, gibt es Diskussionen über eine Neugestaltung der Zementsäcke. In Europa ist Holcim fast ausschließlich im B-to-B-Segment unterwegs, in Süd- und Zentralamerika hingegen auch B-to-C, und zwar mit Produkten, die in riesigen Mengen über Bau- und Fachmärkte abgesetzt werden. Die diversen Gestaltungsvorschläge von Packaging-Agenturen unterscheiden sich nicht sonderlich. Die meisten wollen die große Frontseite des Sacks kreativ mit Schrift und Bildern verzieren. Nur eine Agentur schlägt vor, die Vorderseite natronbraun zu lassen und stattdessen die Seiten zu gestalten. Glasklar, üblicherweise sind die Säcke im Hochregallager gestapelt. In dem Setting fällt der Kunde die Kaufentscheidung: „Links und rechts die braunen und die weißen – geht so; aber die da, die schönen… Die will ich!". Da kann es gut sein, dass der Preis zur Nebensache wird. Wirksame Polarisierung entsteht nur dann, wenn der Kunde die Impulse wahrnimmt und für relevant befindet. Im Zementbereich mit den großen Playern spielt Marke lange eine untergeordnete Rolle. Holcim macht vor, wie man solch ein Vakuum nutzbar macht.

Meine Rede: Nebenerwerbsmaurer kaufen auch mit Gefühl.

Cooler Name – die ganze USP in zwei Worten.

So vorbildhaft wie ansprechend nutzt der Verein „Restlos glücklich“ das Potenzial, das im konstruktiven Polarisieren steckt. Ein paar Berliner wollen ehrenamtlich das Konsumverhalten ihrer Mitbürger verändern: „Wir haben das Ziel, Lebensmittel wieder mehr wertzuschätzen. Mit unseren Projekten möchten wir Menschen dazu bewegen, bewusster zu konsumieren und mehr zu verwerten.“ Sie verkochen Lebensmittel, die Supermärkte und Restaurants wegschmeißen und die nur ein paar braune Stellen oder verdorrte Blätter haben. Bei Restlos glücklich wird gekocht, was die Abfallcontainer hergeben, das Menu Surprise für jeden Tag. Die Gewinne fließen in Bildungsprojekte, Kochkurse und Events. Das kommt an, und zwar nicht nur bei den Leuten mit den selbst geschossenen Socken, sondern auch bei denen, die mal etwas anderes erleben möchten. Ebenso würdigen die Öffentlichkeit und die Medien derartige Gegensätzlichkeit mit großem Interesse, steigender Nachfrage und Empfehlungsmarketing.

Wir kennen jede Menge Firmen, die sind in ganz anderen Branchen und wollen für sich „auch so was wie Sixt“. Wenn die Ideen dann auf dem Tisch liegen, klagen sie wahlweise darüber, dass a) das in ihrer Branche nicht geht, b) der Laden dafür noch nicht weit genug ist, c) der Chef da nicht mitgeht, d) sie so mutig doch nicht sind oder e) alles zusammen. So läuft das nicht! Wer wirklich inhaltlich, kontextuiert und kontrastreich handeln und rüberkommen will, braucht drei Dinge mehr: Mut, Konsequenz und die nicht ganz unausgeprägte Neigung zur Radikalität. Erst wird all das gesät, dann wird geerntet – mehr Umsatz, mehr Profit, mehr Freude am Tun.

Die Reihenfolge ist falsch: Freude am Tun ist Voraussetzung für alles andere.

Das nennt man dynamische Ressourcen-allokation: Die rechte markenstarke Schachtel für die erste Runde – und dann ist egal.

Der Kopf weiß – alles das Gleiche, Reinheitsgebot und so ... Aber auch bei Studentens trinkt die liebe Markenseele mit.

Clevere Nischenpositionierung im hochkompetitiven Umfeld.

Jetzt fehlt nur noch der Hol-und-bring-Dienst.

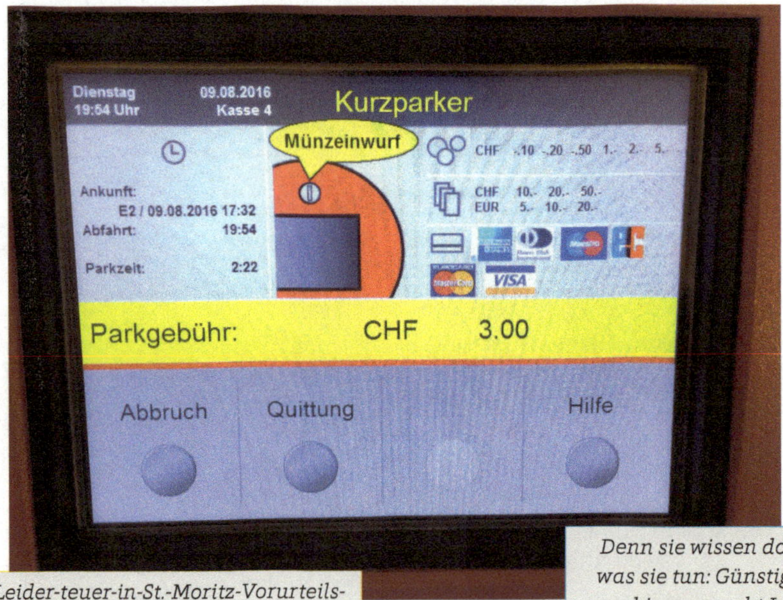

Mein ganzes Leider-teuer-in-St.-Moritz-Vorurteilskartenhaus bricht in sich zusammen!

Denn sie wissen dort, was sie tun: Günstiger parkieren macht Lust auf längeres exquisites Essen, Trinken, Shoppen.

EINFACH ... UNGEWÖHNLICH

- Kunden wollen zeitgemäß betroffen gemacht und dort gepackt werden, wo sie die Lösung für ein echtes Problem glaubwürdig angeboten bekommen.
- Große Ideen sind besser als große Budgets: Die effektivsten Aktionen gegen den Gewohnheitsstrich kosten wenig und bewirken viel.
- Erst um die Ecke handelnde Menschen machen das Unternehmen zum profilstark daherkommenden Player, der Aufmerksamkeit verdient.

Das Zeitalter der Massengesellschaft, die immer mehr immer billiger nachfragt, ist vorbei und damit das des quantitativen Wachstums. Profilierer wie unsereins müssen genauso wie die Werber, die die Identitäten lebbar und erlebbar machen, umhandeln. (Umdenken können alle, aber das reicht nicht.) Es funktioniert nicht länger, den Konsumenten Sachen aufzuzwingen, die sie nicht brauchen und im Grunde auch nicht wollen, und sie weiterhin dazu zu erziehen, sich über ihren Konsum zu definieren. Stattdessen geht es wieder um Substanz und Relevanz. Darum ging es schon vor dem Wirtschaftswunder, und jetzt ist es wieder so weit, nur ganz anders, nachdem es sich ausgewundert hat und sich alle lange genug immerzu und überall über mehr, noch mehr, am meisten definiert haben. Es funktioniert nicht länger – und Henkel & Berndt finden das gut. Es geht wieder um die Inhalte. Kunden sollen sich wieder wie Kunden fühlen dürfen und nicht länger als instrumentalisierte Verwender all dessen, was nun mal produziert wurde und von der Rampe runtermuss. Dem qualitativen, werteorientierten Wachstum gehört die Zukunft. Dafür braucht es emotionale Intelligenz statt perfider Verkaufstechniken und smarte Ideen, die der Zeit entsprechen. Und wahre Attraktivität, die Begehrlichkeit weckt, die überzeugt und nicht überredet.

Und es braucht leihen statt kaufen, wie beim Pay-per-View für Filme und immer mehr bei Werkzeug. Wie lange dauert es wohl noch, bis Autofahrer das Geld für Garage und Versicherung lieber woanders investieren wollen?

Brot für die Welt schafft es. Mit einer Botschaft, die den Betrachter innehalten lässt, ihn betroffen macht und zum Spenden verleitet: „Weniger ist leer“, dazu die große Schüssel auf dem großen Plakat, darin die paar Reiskörner. Das macht genau diese eine unter den ganzen Hilfsorganisationen so erinnerungs- und damit unterstützungswürdig. Wem fällt genauso schnell eine zweite ein?

Sonos schafft es auch. Der Musikstreamer hat ein Weltklasselogo, das mit dem Schriftzug in der Mitte und den sternförmig angeordneten Linien Talk of the Onlinetown ist. Dafür nutzt man die technische Funktionalität des Bildschirms: Wer die Website aufruft und nach oben oder unten scrollt, sieht pulsierende Schallwellen rund um den plakativen Schriftzug. Das passt zu Sonos und zu Musik wie die Faust aufs Auge und ist das Ergebnis des Moiré-Effekts, einer optischen Täuschung. Die damit erzeugte so simple wie erstaunliche Dynamik macht einfacher als jeder Slogan deutlich, welche Berechtigung das Unternehmen hat, am Markt zu sein – es liefert geilen Sound.

Es gibt den Unterschied, der das Gesicht in der Menge verleiht. Es gibt ihn auch beim Bier, und das obwohl, zumindest in Deutschland, Bier Bier ist. Reinheitsgebot und so. Hopfen, Malz, Hefe, Wasser, sonst nix. Ein „Fernsehbier" darf es immer gern sein, Veltins oder Bitburger oder Krombacher, diese „Perle der Natur". Das sind Marken, die ganz viel Werbung im Fernsehen machen. Die Firmen stecken Unsummen in ihre Pflege, vor allem damit sie gegen den Trend – der Bierkonsum insgesamt geht zurück und der Anteil der Craftbiere wird immer größer – zumindest stabil bleiben beim Absatz, wo der schon lange nicht mehr wächst. Sie wollen ganz vehement, dass es dabei bleibt, dass der Mann, den die Freizeitcombo mit dem Spritholen beauftragt, bloß nicht mit einer Schachtel Oettinger für vier bis sieben Euro zurück an den privaten Tresen tritt. Dabei ist das auch nach dem Reinheitsgebot gebraut! Okay, ein paar chemische Hilfsstoffe sind inzwischen zugelassen, man hat das Gesetz von 1516 etwas aufgeweicht, zu nichts anderem als einer der größten PR-Lügen in der Lebensmittelbranche. Wenn zum Beispiel Zuckercouleur beigemischt ist, trinkt das Auge lieber mit. Sollte also Bier doch nicht gleich Bier sein? Doch, im Prinzip schon. Machen alle irgendwas irgendwie, wenn nicht das, halt was anderes aus dem grünen Bereich des gedehnten Gesetzes. Wer darum weiß, wirtschaftet als Gastgeber euronal optimiert: zunächst das Premiumbier aus dem Fernsehen, für anerkennende „Aahs!" und „Oohs!", und zu später Stunde, wenn alle schon hacke sind, das Produkt der größten deutschen Brauerei von hinter dem Winterreifenstapel in der

Wo führt das hin? Viele Dresden-Touristen halten die Semperoper für die Radeberger-Brauerei …

Immer langsam! Bei den Cokes, Pepsis und Red Bulls dieser Welt liest sich der Inhalt wie das Register im Chemiebuch. Bei deutschem Bier lese ich da noch immer sehr genau, was drin ist. Auf Deutsch.

Duplexgarage. Für den Preis einer Kiste Krombacher kriegt man zwei von, genau, Oettinger.

Den Namen finde ich nur so mittelcool. Getränkeholen ist eines der letzten Bollwerke aufrechten Mannseins. Welcher kernige Typ checkt da gern bei „Schlürfi" ein? Andererseits: Naming für Getränkeshops ist eh low-interest.

Die Kaufentscheidung bei „Schlürfi" in München (für diesen grenzgenial nutzenargumentativ kreierten Namen kriegt der Geschäftsführer F. Slava eine glatte 1 und aus der Schweiz eine glatte 6) und überall sonst, wo ein Getränkeshop noch „Getränkeshop" heißen muss, fällt ganz nüchtern allein das Herz. Es will, vom Fernsehen upgecheert und von den lieben Freunden unter Druck gesetzt, üblicherweise Premium, für gefühlvolle zwölf Euro die Kiste und mehr. Im preisdominierten Volumenbereich, wo den restaufständischen Verweigerern die Marke wurscht ist oder sie sich nichts Teureres leisten können, regiert hingegen der Kopf und damit die Vernunft. Astra in Hamburg hat sich entschieden: Da ganz oben mischen wir mit, 14, 15 Euro die Kiste sollen es im Retail schon sein. Außerdem wollen wir bei Schlürfi nicht auch noch als Lockvogel herhalten, wie das schon bei Real hin und wieder vorkommt – magere 11,99 Euro für 27 Flaschen Astra Rotlicht 0,33 Liter. Sollen die das doch mit unseren Mitbewerbern machen! Bei uns geht es allein über das Image und die Begehrlichkeit und nicht über viel und günstig, sagen die Strategen bei der Carlsberg A/S. Dem viertgrößten Bierbrauer der Welt aus Dänemark (Carlsberg, Tuborg etc.) mit x Schweizer und deutschen Marken im Portfolio gehört Astra ebenfalls, aber das sagen sie nicht laut, leise auch nicht, am liebsten sagen sie es gar nicht. Klar, warum: Dem treuen Rotlichtfreund soll beim Exen so ziemlich alles in den Sinn kommen, nur nicht, dass sein Lieblingssprit mit dem Herz und dem Anker im Logo erstens Konzernware ist und zweitens bei Holsten gekocht wird. Das knallt bekanntlich am dollsten, und welcher wirklich kernige Genießer will sich schon mit dem Grundnahrungsmittel seines ärgsten Widersachers, des gemeinen norddeutschen Nur-Proletariers, verbunden sehen? Das Holsten-Logo hat niemand auf dem Bizeps tätowiert (wenn doch, dann dort, wo das T-Shirt drübergeht), das Astra-Herz

Kompliment an Carlsberg: Wer starken Marken trotz Konzernpolitik die nötige Eigenständigkeit gewährt, profitiert lange von Exklusivität und Preispremium.

schon (und zwar da, wo es im Seniorenstift ein echter Hingucker sein wird).

Dem Marketing von Astra gelingt die leidenschaftlich-kommunikative Druckbetankung mit der Schaffung einer ganz eigenen Biertrinkerwelt und der kompromissfreien Konzentration auf eine Botschaft meisterhaft. Pur, schnörkellos, intensiv. Ausgangspunkt ist 1998 der Slogan „Astra. Was dagegen?". Der funzt und weckt so schön den Underdog, das Revoluzzerchen im Reihenmittelhausbesitzer: Samstagabends wird sich eine Runde aufgelehnt gegen das Establishment, zwischen den Koniferen, auf den Loungemöbeln vom Bauhaus. Jetzt die „Knollen" auf den Rauchglastisch, so nennen sie bei Astra die Flaschen. Das Positionierungsversprechen: „Tolerant, vielfältig und lebensfroh – dafür steht Astra! Das Herz-Anker-Symbol macht Astra absolut einzigartig und unverwechselbar. Das Herz steht für viel Leben, viel Liebe und noch mehr Spaß. Der Anker steht für die Herkunft aus St. Pauli: manchmal hart, aber immer herzlich." Das halten sie sogar ein, mit den so einfachen wie hochrelevanten Botschaften und ihrer so stringenten Kommunikation seit 20 Jahren. Ein 08/15-Produkt wird zum Kultprodukt. Ist halt so ein In-Bier, sagen die Oberschlürfis, während sie die Knolle zu 95 Cent über den Tresen reichen, und die Pulle für 20 Cent weniger bleibt im Kasten. Dass Astra bei Profitrinkern eher mittelmäßig perlt und auf dem Portal bierranking.de die Sorte Urtyp beispielsweise bei 3- rankt – sei's drum.

Das Beste: Die im klassischen Stil gehaltene Werbung hat unzählige Fans in der viralen Welt. Kompliment an die Agentur: Echtes gutes Handwerk zahlt sich auch online aus.

Bei so viel Erfolg wird man schnell übermütig. Selbst diese Profis sind davor nicht gefeit: Im Onlineshop sind Flaschenkühler, Fußmatte und Kochschürze durchaus kernproduktnah und damit, was den Markendehnungsfaktor angeht, bestens prima ausgeknobelt. Beim Plastikeierbecherset „Zw-Ei-Teiler: 'n Astra und 'n Ei" zu 7,90 Euro, den „geilen neuen Kultsneakers" zu 99,95 Euro und dem „Plastikseifenspender in Knollenform"

Erst in der Werbung schön politisch unkorrekt auf Macho machen und dann Schürzen verkaufen. Bei Astra wird geknallt und nicht gekocht!

zu 5,90 Euro wird's allerdings langsam eng und blöd, und das Dehnungsband reißt ab. All das macht schon beim Hindenken so einen muffigen, seifigen Geschmack im Mund. Clasht!

> *Ich bin fassungslos! Der Pseudo-Kerl in Astra-Puschen kommt rüber wie die Armani-Uhr auf der New York Fashion Week: gewollt und nicht gekonnt. Ungehemmte Lizenzierung hat schon manchen Markenwert zerstört.*

So ungewöhnlich wie Astra daherkommen wollen immer alle. Die wenigsten schaffen es. Es liegt daran, dass bloßes Ungewöhnlichsein um seiner selbst willen nicht reicht. Stattdessen ist das Einfache, Wirkungsvolle die große Kunst. Dafür ist zunächst wichtig, realistisch einzuschätzen, was aktuell Phase ist, was daran nicht mehr zeitgemäß ist und wie es stattdessen sein muss. Für gewöhnlich kommen valide Antworten besonders dann, wenn man sich diese ewig quälenden Fragen nicht allein und selbst stellt und auf dem Weg zu den für gewöhnlich verquasten Antworten immer nur die ganzen Bäume, aber den Wald nicht sieht. Besser ist, einen kritischen Kopf mit Einfühlungsvermögen und dem unverbrauchten, ungeschönten Blick von außen drauf dabeizuhaben. (Man muss so jemanden ja nicht „Berater" nennen.) Dann immer schön aneinander herumraspeln, mit den mittelgroben Werkzeugen, Kuschelzone ist woanders, und ganz allmählich schälen sich kraftvolle neue Wege heraus, die das Potenzial haben, ungewöhnlich herausstellend (aus der Masse der Wettbewerber), relevant (zeitgemäß betroffen machend) und nutzenstiftend (aktuelle Probleme lösend und Herausforderungen meisternd) zu sein. Was dazu seinen Beitrag leistet, kann auch klein und klammheimlich und damit fernab irgendwelcher Start-up-Fernsehshows für Sonderbegabte angesiedelt sein. Henkel & Berndt sind überzeugt: Es sind die steten kleinen Dinge, die Großes bewegen.

> *Berater, die einem nach dem Mund reden und mit Wattebäuschen werfen, braucht kein Mensch. Marke machen heißt 90 Prozent Transpiration und 10 Prozent Inspiration. Und die guten, einfachen Entscheidungen werden oft genauso schnell verworfen, wie sie getroffen wurden.*

Wer die Nummer +49 89 20209390 anruft und das Glück hat, in die Warteschleife zu kommen, hört „Smooth Operator" von Sade. Das ist deshalb so vorbildhaft wie stilbildend, weil es sich bei dem Anschlussinhaber um das sportorthopädische Zentrum München-Maxvorstadt handelt. Also um Leute mit Skalpellen,

> *Heureka! Da freu ich mich auf meinen nächsten Bänderriss!*

die an anderen Leuten herumschnipseln. Dem Unterbewusstsein wird schon beim Erstkontakt verdeutlicht, dass die Herrschaften Orthopäden besonders sanft rangehen, wenn es so weit ist auf der Trage und die Narkosemaske immer näher kommt. So was Feines ist alles drei auf einmal: ungewöhnlich herausstellend („Zu dem Orthopäden will ich!"), relevant („Da höre ich genau hin!") und nutzenstiftend („Da habe ich weniger Schmerzen und bin schneller wieder fit!"). Und dass der englische „Operator" alles, nur kein deutscher Operateur ist – geschenkt!

Wenn ich unters Messer muss, dann garantiert nicht da, wo es nach schwingenden Hüften und Lumumba klingt.

Wer hat immer diese Ideen, die knallen? Es sind diejenigen, die sich stets aufs Neue fragen, was sie für wen weshalb tun. Beim Taxifahren im New York fällt seit geraumer Zeit auf, wie das geht: Seit die Fahrer das Bezahlen mit Karte anbieten müssen, bieten sie auf den Touchscreens gleich drei Buttons mit an – für 20, 25 oder 30 Prozent Trinkgeld. Den für die üblichen 10 Prozent gibt es nicht, das bisschen muss man schon proaktiv eintippen, und wer gibt sich schon die Sparbrötchenblöße vor dem Fahrer oder, schlimmer noch, den Mitfahrern? Eine starke disruptive Idee mit enormer Wirkung: Bis 2007 gibt es im Schnitt 10 Prozent Trinkgeld, heute sind es 22 Prozent. Klar, sagt die Verhaltensforschung – Kunden, die neben der gewohnten Trinkgeldhöhe noch größere oder teurere Optionen wählen können, sind dazu verleitet, mehr zu geben.

Läuft nur, wenn der aus dem Effeff weiß, wie es zum Arthur Ashe Stadium geht. Die meisten werden aber nie lernen, wie sie sich von Uber, ihrer größten Konkurrenz, abheben – mit kompromisslosem Gewusst-wo zum Beispiel.

Da wir zwei immer predigen, dass erst die Menschen eine Firma lebbar und erlebbar machen, sollten die ganz oben zuallererst ernst machen mit dem ungewöhnlichen wie sinnstiftenden Verhalten. Wenn es – auf eine gute Art – um das eigene Vorankommen geht, übt sich das vorzüglich so: Wer das Wie-früher-Gefühl für einen starken Moment zurückholen will, reist per Anhalter, und zwar so, dass er pünktlich zum Flug nach Hause kommt. Selbst erprobt: In zwei Stunden geht der Flieger nach Hause und damit die Landpartie durch Südfrankreich zu Ende. Da wird es am Neujahrstag auf der einsamen Landstraße nach Toulouse langsam Zeit. Jetzt ist mehr als eine gute Idee gefragt – eine sehr gute Idee! Dafür gibt es die große Pappe mit dem Ziel in der, genau, Gegenrichtung: BARCELONA. Jetzt hinstellen auf die „falsche Seite" (im Grunde ist es ja die richtige), Schild hoch, Daumen raus. Das allererste Auto hält. Die Fahrerin spricht perfekt Französisch: „Wenn Sie nach Barcelona wollen, jeune homme, müssen Sie sich da drüben auf die andere Seite stellen. Hier geht es nach TOULOUSE!" Jetzt einigermaßen erschüttert tun, alle Contenance neu sammeln und so unperfekt wie liebevoll entgegnen: „Merci bien, Madame. Toulouse soll ja eine sehr schöne Stadt sein ... Nehmen Sie mich dorthin mit?" Der Koffer passt hinten genau rein und Madame gibt Gas. „Sie fahren nicht vielleicht über den Flughafen?" Tut sie, und der, der nicht Henkel heißt, also der andere, ist eine Stunde zu früh am Flieger nach Munich.

Bernie, alter Flaneur: Predigst immer gegen Manipulation und für Transparenz – und gehst dann mal richtig frisch aus dir raus! Chapeau!

Wer disruptiv handelt, also anders als alle anderen, und damit die Norm des Gewohnten bricht, bekommt die ganze Aufmerksamkeit. Und viel eher, was er will, auf eine gute Art. Er bringt sich angenehm in Erinnerung und starke Geschichten mit nach Hause: Wer Ungewöhnliches zu erzählen weiß, wird gern gehört. Das tut not in einer Zeit, in der viele viel sagen, ohne viel zu sagen. Erst die Kraft der Geschichten berührt die Menschen wirklich. Damit hat man die gute Chance, in der Kakofonie der um unsere Gunst Buhlenden gehört zu werden und sich ein ordentliches Stück vom Aufmerksamkeitskuchen abzuschneiden. Das bringt demjenigen den Profit, der ihn verdient.

Das Material ist ja schon teurer. Was nichts kostet, ist nichts wert im schönen Garten.

Kein Wunder, dass das Zeug hängt wie Blei und alle auf Gardena sparen.

„WAS MACHT DAS URLAUBSLAND MECKLENBURG-VORPOMMERN EINFACH MARKANT, HERR FISCHER?“

Es gibt inzwischen Leute, die atmen erleichtert auf, wenn sie im Urlaub nicht nach Amerika müssen. Zu weit, zu hektisch, zu laut ... Es hebt einen auch nicht mehr so schön ab von den anderen: Gefühlt war jeder überall, Flüge nach JFK gibt es bald one way für 69 Dollar, und grade in unsicheren Zeiten ist nah das neue Fern. Man muss sich nicht mehr verstecken, wenn die Antwort auf die Nachferienfrage, wo man denn gewesen ist, „Auf Usedom“ lautet oder „In Dierhagen“ oder „An der Mecklenburger Seenplatte“. Das provoziert das neue „Oh!“ und genaues Nachfragen: Erzähl mal! „Hier ist die Welt in Ordnung“ heißt da, wo diese Orte sind, das markante Versprechen; schön, wenn die Antwort des Zurückgekehrten ähnlich ist. Die Touristiker in Mecklenburg-Vorpommern formulieren ihren Anspruch selbstbewusst und ohne Wertung. Dafür ist es wichtig, dass sie auf das „noch“ verzichten.

Die Welt in Ordnung, einfach so, wie sie es verstehen, ist in Lühburg im Warbeltal, östlich von Rostock. Da gibt es ein Schloss mit Ferienzimmern, und weil die ländlichen Gegenden nicht eben üppig ausgestattet sind mit Gastwirtschaften, haben sich die Besitzer mit denen von anderen Gutshäusern und einer echten Burg zusammengetan. Ihre Initiative heißt „Zu Tisch bei Freunden“. Gespeist wird reihum, an langen Tafeln vor dem Haus oder im

Park, im Winter auch gern in der Gutsküche. Für 20 Euro gibt es „Wildes und Vegetarisches vom Grill" oder „Wildkräutersalat, knusprige Kartoffelspalten mit Tomaten und Beinwell-Brennnessel-Gemüse", zum Dessert die Hausführung. Jeder ist willkommen und die Gastgeber erzählen vom Land und seinen Leuten.

Bernd Fischer ist Geschäftsführer beim Tourismusverband Mecklenburg-Vorpommern. Die Organisation kann nicht immer und überall gleichermaßen anschieben, da sind ihm Initiativen von unten ganz besonders lieb. Auch weil er sein Tourismus-Bundesland nicht auf das reduziert sehen will, was einem immer zuerst einfällt: Kreidefelsen (auf Rügen), Aida-Kreuzfahrt (geht gern in Warnemünde los), Heiligendamm (Merkel und Obama und die anderen beim G8-Gipfel im Strandkorb). „Wir brauchen die neue Wertschätzung für den ländlichen Raum." Herr Fischer sagt, es gibt Mecklenburger und Vorpommern, die halten ihren Stolz darauf zurück, hier aufgewachsen zu sein. Merkwürdig, ist das doch dort, wo so viele hinwollen, dass man noch vor Bayern ganz vorn ist bei der Anzahl der Aufenthalte deutscher Urlauber mit mindestens vier Nächten. Da könnte man sich entspannt zurücklehnen im Internationalen Haus des Tourismus in Rostock, wo sie endlich alle zusammen sind, die Organisationen der Hotels und Gaststätten, der Bäderorte, Campingplätze und Jugendherbergen – und die Initiative für den Landtourismus. „Einfach markant sein schafft man nicht allein", sagt Herr Fischer.

Es braucht dafür gebündelte Kräfte, was anspruchsvoll genug ist hinzubekommen bei dieser so heterogenen Tourismusstruktur: auf der einen Seite Ahlbeck auf Usedom mit der imposanten Seebrücke, diesem veritablen Catwalk fürs Sehen und Gesehenwerden, auf der anderen Mandy's Reitstall in 17168 Sukow-Levitzow, mit Apostroph und unweit von Lühburg, wo die Kinder reiten lernen wie die in ihrem liebsten Kinderbuch.

Ganz abgesehen vom Riether Winkel rund um den Neuwarper See, noch weiter östlich, an der polnischen Grenze. Da ist Vorpommern, hochgradig einsam, für Fans von Heimat, Rückbesinnung und Cocooning. Dieses Bunte, das sich aus einfach und opulent, quirlig und ruhig, Golfen und Fliegenfischen zusammenfügt, sehen sie als ihr größtes Kapital. Damit ist die Hauptzielgruppe klar: Familien, mit all den so unterschiedlichen Wünschen der Beteiligten. Das „Internationale", das beim Haus des Tourismus im Namen steckt, ist Herrn Fischer ganz besonders wichtig. Seine ganz persönliche „Signature-Story", die Lieblingsgeschichte über dieses Urlaubsland, handelt davon, dass 80 Prozent der Radler, die hier auf dem Radweg von Berlin nach Kopenhagen durchkommen, aus dem Ausland anreisen; besonders gern aus Neuseeland. Was für ein Erfolg, grade auch weil er am besten weiß, wie mit der Wende alles anfing, und weil er von Anfang an dabei ist.

Im Tourismuskonzept für Mecklenburg-Vorpommern stehen die so nahe liegenden Schlüsselregionen. Sie nennen sie Markenzugpferde: Ostseeküste, Rügen, Usedom, Seenplatte, Natur. Die sorgen für die generelle Anziehungskraft, die es auf diesem hohen Niveau immer wieder neu braucht. Die mehr als 30 Millionen Übernachtungen im Jahr dürfen durchaus mehr werden, vor allem sollen jedoch die Qualität der Angebote und die Ausgaben pro Gast und Urlaubstag steigen. Die Herausforderung: die Begehrlichkeit dieser Regionen so zu nutzen, dass auch die Angebote zwischen Meer und See davon profitieren – und den Trend zur Entschleunigung im Windschatten dieser Zugpferde für sich nutzbar machen. Vor allem dafür positionieren die Urlaubsmacher unter den Schlüsselregionen vier zentrale Urlaubswelten mit klar definierten Zielgruppen und ihren Milieus: Natur & Aktivität, Familie & Kinder, Genuss & Kultur, Lifestyle & Trends. Daran sollen sich die touristischen Produkte ausrichten, über alle Schlüsselregionen hinweg.

Damit da Zug dahinter ist, ist der Landurlaub ein eigenes Marktsegment mit zentraler Bedeutung. Das Projekt „Land Art“ gibt Anschubhilfe zur Selbsthilfe und zielt auf neun große Initiativen in kleinen Dörfern, abseits von der A20 und der Bundesstraße 111. Auf diese Weise investieren die Einheimischen Zeit und eigenes Geld, revitalisieren vergessene Traditionen und wagen Neues, unterstützt mit Know-how, Finanzen und Medienpräsenz. So profilieren sie den Vogelpark Recknitztal und machen ihn mit den Identifikationsfiguren Tizi Toll und Fiete Marlow begreifbarer für Kinder. Und sie schärfen so das Angebot der Region Lassaner Winkel, wo man mit Kräutern, Kunst und „Himmelsaugen“, den eiszeitlichen Grundwasserlöchern, im Einklang mit der Natur lebt und besonders „enkeltauglich“ ist. Kräuterführungen, Kochkurse und Galeriebesuche sollen den Trend zu Einfachheit und Natürlichkeit mit prägen.

Mit derart praktischer wie pragmatischer Arbeit fällt es auf einmal leicht, die Vorzüge der nordöstlichsten deutschen Urlaubsregion einzigartiger und unmissverständlicher zu kommunizieren. Cornelia Hass treibt das Thema Landurlaub voran. „Markant sein schafft man nur, wenn man immer persönlich und echt ist“, sagt sie und schiebt ihre persönlichste Geschichte hinterher: wie sie zu Tisch bei Freunden ist, irgendwo in einem Gutshaus, bei einer Patchwork-Familie sitzt, die eigentlich ans Meer will, aber nur hier noch was zum Übernachten kriegt; wie die Hausherren aufkochen und alle feiern bis tief in die Nacht und wie alle so begeistert sind und dableiben und nächstes Jahr wiederkommen wollen, genau hierher zurück – und bloß nicht ans Meer. Dieses Gefühl ist es, von dem sie daheim erzählen werden, das Nahweh produziert, das neue Fernweh, als schönste Form der Neu- und Stammgästegewinnung. Solche Empfehlungen verleihen der „Destination“, wie die Urlaubsregion im Tourismus-Deutsch heißt, ihr einzigartiges Profil.

„Früher hieß es: Ihr seid die Erlebnisdesigner. Heute machen wir Kärrnerarbeit und kümmern uns um die Reisemöglichkeiten hierher und im Land, die es den Gästen so stressfrei machen wie möglich", sagt Kai Gardeja. Die Signature-Story des Geschäftsführers der Tourismuszentrale Rügen handelt von dem alten Seebären, der irgendwo im Hinterzimmer mit am Tisch sitzt, als es darum geht, das hiesige Motto „Wir sind Insel" auf dörfliche Ebene herunterzubrechen. Der Mann fängt an zu weinen und versteht die Welt nicht mehr, weil „wir" (und ganz besonders er) doch schon immer die Insel sind! Damit alle mitgenommen werden, sagt Herr Gardeja, muss einfach markant sein „so einfach und nahbar wie möglich sein, abseits von ABC-Kategorisierungen und Kommunikationsplänen". Damit das gelingt, definieren sie beim Verband „Personas", typische Urlauber in ihren Lebenswelten mit ihren Ansichten und Vorlieben. Anhand ihrer Customer-Journeys, der unterschiedlichen idealtypischen Kundenreisen über den gesamten Urlaub hinweg, machen sie klar, worum es geht: den Gästen, die von den Personas repräsentiert werden, eine feine, unbeschwerte, genussvolle Zeit auf hohem Niveau zu bieten. „Hier ist die Welt in Ordnung" ist ein Riesenversprechen, das immer wieder neu eingelöst werden muss; an der Fischbrötchenbude und beim Tretbootverleih genauso wie am Frühstücksbuffet und am Fahrkartenautomaten auf dem Bahnhof von Trassenmoor.

Beim Einlösen der Versprechen hakt es immer im Tourismus, mehr oder lieber weniger. Es hakt bei der Servicequalität, der Infrastruktur, den Fremdsprachenkenntnissen des Personals… Und man ist nie fertig damit, die Missstände abzustellen und das Herausragende zu behalten. Beim Verband haben sie festgestellt, dass sie manche Betriebe doch etwas überfordert haben im Streben nach der einheitlichen Darstellung des Urlaubslands, online wie offline, um die Kräfte bestmöglich zu bündeln. Kleinere Partner sind meist froh über viele Vorgaben und klare Raster, stärkere aber, vor allem die berühmten Bäder und die bekannten Hotels, gehen noch lieber eigene Wege. Dann gibt es schnell zu viele Werbeversprechen, Webseiten und Broschüren, und das verwirrt den Gast und zahlt unter dem Strich nicht auf den Markenkern ein. Die Tourismusarbeiter wissen, dass der Idealzustand – alle Anbieter und Mitmacher verstehen unter dem Anspruch „Hier ist die Welt in Ordnung" dasselbe und leisten ihren Beitrag dazu, dass es bei allen Interessenten und Urlaubern genau so rüberkommt – niemals erreichbar ist. Aber sie arbeiten daran, ihm immer noch ein bisschen näher zu kommen.

Es geht, indem sie fortwährend reden mit den formellen und informellen Touristikerkreisen in den Gemeinden und Regionen: über den Anspruch und wie alle Mitmacher ihn umsetzen sollten, an allen „Gastkontaktpunkten". Für mehr Akzeptanz der generellen Linie geben sie den Betrieben in den Werbemitteln jetzt mehr Raum für die eigene Darstellung: „Wir wollen so einheitlich wie nötig und so individuell wie möglich wahrgenommen werden, nicht umgekehrt", sagt Herr Fischer. Die Tourismusbetriebe immer wieder neu dafür zu begeistern, ist mit das Wichtigste „in einer Situation, in der wir mit dem Erfolg sensibel umgehen müssen". Die Gelder vom Land werden weniger, die EU-Richtlinien strenger. Da müssen verstärkt die Potenziale erschlossen werden, die bei all denen noch schlummern, die täglich „Arbeit am Gast" verrichten. Verwunderlich, dass es noch kein institutionalisiertes Markenbotschafterwesen gibt: ausgewählte Menschen informieren und konstruktiv betroffen machen, sie zu Vorweggehern und Mitziehern für andere machen, damit der Kreis der mit dem Markenvirus Infizierten immer größer wird, bis in die kleinste Verästelung; damit sogar die studentische Aushilfskraft am Minigolfplatz spürt, wie wichtig es ist, den Abfalleimer mit den Eispapierchen gleich zu leeren, und dass so die Welt auch hier in Ordnung ist. Die Kollegen bei der Destination Engadin St. Moritz machen das mit den Markenbotschaftern seit Jahren und sehr erfolgreich (und schielen dabei auf die Übernachtungsrekorde zwischen Brandenburg und Ostsee).

Im Kaiser Spa Hotel zur Post im schicken Seebad Bansin haben sie ihr eigenes Botschafterprogramm: Einmal im Monat berichten die Abteilungsleiter von den Runden mit den Mitarbeitern darüber, wie sie die bloße Erwartungsqualität vermeiden und die Überraschungsqualität weiter anreichern. Sie beschließen dann, dass es zum doppelten Espresso für 3,80 Euro ein Tütchen mit selbst gemachtem Vanilleeis gibt, einfach so. Sebastian Ader, der Geschäftsführer: „Riesenmarge beim Kaffee, Aufwand für das Eis gering, Überraschung riesengroß." Besonders wichtig ist ihm die Geste, mit der der Ober das Gedeck serviert. Diese gewisse Attitüde, wie sie in keinem Lehrbuch steht. Mit der geht Herr Truxa von der Rezeption auf solche Gäste zu, die mit einem Strauß Rosen von der Straße reinkommen. Er fragt nicht, ob er eine Vase bringen darf – er spricht vielmehr davon, dass er den Strauß in der Vase, die er jetzt organisiert, aufs Zimmer bringen lassen wird. Das ist der Unterschied, intrinsisch motiviert und nicht allein dadurch, dass man hier „weit weg vom Mindestlohn" ist. Für diese Haltung schult man die polnischen Zimmerfrauen darin, dem Gast ganz charmant den mitgebrachten Wecker abzuluchsen: Er soll runterkommen, sich erholen, da braucht man keinen Wecker, schließlich ist die Aquagymnastik nicht nur um 8 Uhr, sondern auch noch mal um 11 Uhr. Und das Frühstücksbuffet, eine echte USP, geht bis 13 Uhr, dafür gibt es schon ab 17 Uhr das mit der Halbpension. „Rabatt", sagt Herr Ader, „ist nicht das Entscheidende. Es geht darum, was der Gast zusätzlich zu dem bekommt, was er als selbstverständlich voraussetzen darf."

Große Ideen sind auch in Tourismus und Gastgewerbe besser als große Budgets. Sie fördern das, was Bernd Fischer von sich und 45 Kollegen beim Tourismusverband Mecklenburg-Vorpommern fordert: Anspruch formulieren, vorleben, zum Mitmachen animieren. Immer wieder neu, immer wieder für diese eine erlebbare Welt, die hier in Ordnung ist. Für Tobias Woitendorf, seinen Stellvertreter, ist die Marke dann markant, wenn sie unumstößlich beständig wirkt. Das wird, und das ist seine Story, dann ganz umwerfend deutlich, wenn er – mehr zufällig – im Fischereimuseum auf Hiddensee bei den Fischern a. D. sitzt und die den Aufsichtsplan für die nächste Woche machen, hochkonzentriert, auf Plattdeutsch. Nach einer Dreiviertelstunde sagt auf einmal einer „Wat is hei da?" und zeigt dabei auf ihn: Was der Fremde hier wohl macht? Das Erdverbundene, eine der starken Wurzeln dieser Marke, wird dabei so deutlich. Der Mensch aus Rostock klärt darüber auf, dass er beim Verband für Marketing und auch für das so zeitgemäße Thema Gesundheit zuständig ist. Und ein bisschen Plattdeutsch spricht. Schließlich darf er sitzen bleiben. Rückblickend sagt Herr Woitendorf: „Bei allem Bodenständigen, das uns ausmacht – im Trend liegende Wellness- und Gesundheitsangebote sind ein großer Teil unserer Zukunft. Wir machen jetzt aus dem Trend ein Segment." Dann werden zeitgemäße Urlaubsangebote fürs Wohlfühlen bald so beständig sein wie das Fischereimuseumsaufsichtswesen auf Hiddensee.

In Mecklenburg-Vorpommern haben sie ein Luxusproblem: Sie sind die Nummer 1 in Deutschland. Jetzt geht es darum, dieses Vornsein zu verteidigen und auszubauen – mit dem, was die markante Marke schafft: sich immer wieder neu zu erfinden und dabei ihrem Kern konsequent treu zu bleiben. Dafür muss man öfter unbeständig sein und klar und deutlich Nein sagen. Bernd Fischer: „Früher haben wir auf der Reisemesse in Hamburg abends so viele leere Broschürenkartons zum Abholen vor den Stand gestellt, dass die Kollegen aus den alten Bundesländern es nicht fassen konnten. Heute sind wir nicht mehr dabei." Sie haben jetzt anderes, was sie anders machen als andere Destinationen. Es sorgt dafür, dass man in München und in St. Moritz und Neuseeland das Gefühl hat, dass bei denen die Welt echt in Ordnung ist.

Die haben das echt raus. Da können selbst wir uns eine Scheibe abschneiden.

Extrem stringente Kommunikation: Bei denen braucht es weder das Wort Uhr noch ein Foto, um sofort zu wissen, worum es geht.

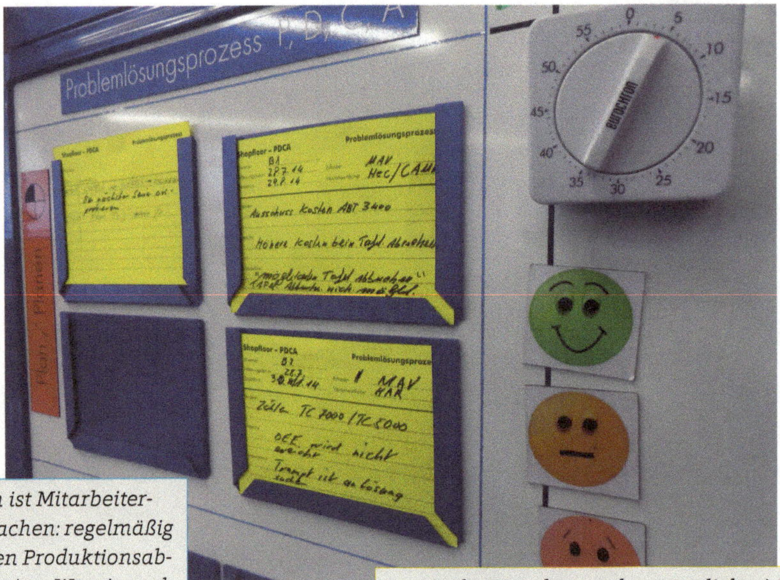

So einfach ist Mitarbeiterbetroffen-Machen: regelmäßig zehn Minuten Produktionsabteilungs-Meeting „Wo wir noch besser werden müssen".

Marke Eigenbau und erstaunlich wirkungsvoll. Auch dadurch fühlt sich bei V-Zug jeder gehört und gefordert im Sinne des Qualitätsversprechens.

EINFACH …

SOZIAL

- Mehr Digitalität bedeutet nicht die Abkehr von sozialen Werten. Sie erleichtert Prozesse, wo der Kunde es wünscht, und schafft Zeit für Zwischenmenschlichkeit, wo er sie braucht.
- Wo Vertrauen Kundenbedürfnis ist, kommt man an persönlichen Kontaktpunkten nicht vorbei. Der Computer versteht, motiviert und tröstet nicht.
- Soziale Werte entstehen innen. Wer die Zwischenmenschlichkeit stärken möchte, muss sie zuerst mit seinen Mitarbeitern leben.

ING-Diba. Das ist die Bank mit der lasziven Dibadibadu-Werbemelodie und dem Basketballer Dirk Nowitzki als Botschafter. ING steht für Internationale Nederlanden Groep und Diba für Direktbank. Will heißen: Diese Bank gibt es nur im Internet; ein Mausklick, und man ist da. Gläserne Filialen an Marktplätzen mit echten Menschen hinter glänzenden Servicetresen sucht man vergebens. Sie ist eines der effizientesten und margenstärksten Geldhäuser Deutschlands – vor allem auch, weil man sich den kostenintensiven persönlichen Vertrieb im eigenen Filialnetz spart. Glückwunsch zur erfolgreich vollzogenen digitalen Transformation, kann man da nur sagen. Wo andere sich noch mit digitalen Immigranten und technologieaversen Unternehmensbewohnern herumschlagen, geht hier schon alles mit IT und Kommunikationstechnologie. Keine Öffnungszeiten, kein Stress mit dem Hausmeister, weil kein Aufzug klemmen kann, weniger Fehler durch viel Technisierung und Automatisierung. Umso erstaunlicher, dass man bei denen seit geraumer Zeit entschieden mehr Ressourcen in den intensiveren persönlichen Kontakt mit der Kundschaft und in ein emotionaleres Kundenerlebnis investiert. Man will geliebt werden, eine echte Love-Brand sein. Weil nur die sich des Vertrauens und der Treue ihrer Kunden erfreuen dürfen. „Wir möchten die wichtigste Bank unserer Kunden sein", lautet der Anspruch. Dafür legt man so viel Wert auf Kundennähe und Emotion, „weil Bankleistungen Vertrauensleistungen sind und eine gute Beziehung zur Bank Voraussetzung für ebendieses Vertrauen ist", erklärt man in der Frankfurter Zentrale.

Das haucht sicher die, bei der Schöfferhofer Weizen so penetrant geprickelt hat in der ihr Bauchnabel. Nervig!

Die wollen an das Image der Sparkassen ran!

Der Blick auf das Produktportfolio macht deutlich: Bei diesem Anliegen handelt es sich um ein knallhart kalkuliertes ökonomisches Interesse. Eines der erfolgreichsten Diba-Produkte ist die Eigenheimfinanzierung: sechs- bis siebenstellige Investitionen in Beton, Steine und Ziegel. Allein beim Gedanken daran rutscht dem Bauherrn gern das Herz in die Hose. Wer braucht da noch

Trouble mit der Bank? Vielmehr sehnt er sich nach einem Finanzdienstleister, der ihn an die Hand statt auf den Arm nimmt, der ihn unterstützt und ihm zu einer cleveren Finanzierung verhilft. Um diesem Anspruch gerecht zu werden, braucht es zweierlei: zum einen einfache Produkte, die der Kunde intuitiv versteht und die es ihm erlauben, seine Finanzdinge selbst in die Hand zu nehmen. Jede Intransparenz, jedes Missverständnis lässt da Fragen aufkommen und weckt Zweifel am Traum von den eigenen vier Wänden – und ganz besonders am Berater von der Bank. Zum anderen braucht es menschliche Nähe und Signale, die Vertrauen entstehen lassen. 24/7-Telefon- und -Onlineservice allein helfen da wenig. Es sei denn, die freundliche Callcenter-Mitarbeiterin nimmt sich Zeit, ist empathisch und darf am Ende des Tages sogar entscheiden und nicht nur Sachverhalte aufnehmen. Ruft sie umgehend zurück, wenn die Verbindung unterbrochen wurde? Wird man beim nächsten Anruf wieder mit genau derjenigen verbunden, zu der man ein Vertrauensverhältnis aufgebaut hat? Wie laut ist es im Callcenter, eher wie auf der Rennbahn oder angemessen distinguiert-teppichgedämpft? Wenn die Prozesse nicht stimmen und die Gesprächssituation dem Anlass nicht angemessen ist, kann die beste Nachricht nicht adäquat vermittelt werden.

Wenn die das schaffen, mache ich die Dudu-Melodie bei meinem Handy zum Klingelton.

Bei der ING-Diba will man sozialer werden in einer digitalen Welt. Da vereinsamt der Kunde immer mehr. Dafür hat sie vier strategische Leitplanken definiert, die allen Mitarbeitern als Orientierung für ihr tägliches Handeln dienen: „Clear and easy" erinnert sie daran, stets auf Einfachheit und intuitive Handhabbarkeit der Produkte und Services zu achten. „Wenn Banking plötzlich Spaß macht, dann ist es DiBaDu", steht im Mission-Guide, dem Drehbuch zum Veränderungsprozess. Der Kunde soll sich auf die anstehende Kreditverhandlung freuen, anstatt Bauchschmerzen zu kriegen. „Anytime, anywhere" reflektiert den Anspruch, ihm immer so zur Verfügung zu stehen, dass

Erst der Anonymität Vorschub leisten und sie jetzt bekämpfen wollen. Die sind im Namen des Profits unterwegs und für sonst gar nichts. Das ist ja auch okay.

er keinen Stress beim Banking verspürt: „Wenn das Leben leichter wird, dann ist es DiBaDu." Die Bank will nahbar und greifbar sein, auch auf die Gefahr hin, dass man dafür Teile ihres Informationsvorsprungs opfert. „Keep getting better" steht für den Anspruch, Kunden mit neuen Möglichkeiten für ihre Finanzen und ihr Leben zu überraschen: „Wenn Services dich begeistern, dann ist es DiBaDu." Und „Empower", „Befähige", hält die Mitarbeiter dazu an, Kunden so gut zu informieren und mit den Services vertraut zu machen, dass sie selbstständig handeln können: „Wenn du viel mehr selber kannst, dann ist es DiBaDu."

All das macht Easy Credit schon. Da muss die Diba aufpassen, nicht „me too" zu werden.

Eine Direktbank, die solchen Grundsätzen folgt, wird nahbar. Sie entwickelt sich vom Berater zum Freund des Kunden. Das ist ein Anspruch, der insbesondere die Denk- und Erwartungshaltung der Generation Y trifft. Die sozialen Medien erleichtern dabei die Kommunikation, weil sie Informationsasymmetrien und Hierarchiebarrieren abbauen helfen. Freude macht, was interaktiv und einfach ist und zum Mitmachen einlädt. „Du nimmst die Dinge in die Hand und treibst sie voran", fordert der Mission Guide.

Ganz schön viele Slogans auf einmal. Jetzt kommt es, wie immer, darauf an, was die Geduzten gemeinsam daraus machen. Der Dirk (Nowitzki) schafft das nicht alleine!

Hilfe bei der Umsetzung des hehren Anliegens bekommen die Mitarbeiter von Inga, Ingo und Leo, den Maskottchen der ING-Diba. Gemeinsam mit den echten Kollegen haben sie den Auftrag, die Bank auf ihrer „Orange Mission" in die Zukunft zu führen. Um sie dazu zu befähigen, werden alle Mitarbeiter über die Marke informiert, für ihre Relevanz sensibilisiert und zu gelebtem Botschaftertum motiviert. Das in einem Lernumfeld, das der Lebenswirklichkeit von Kunden und Mitarbeitern entspricht: interaktiv, klassenlos, einfach und ausgestattet mit einer guten Portion Lebensfreude. Die Leitfiguren helfen dabei: Inga ist die Pionierin, innovativ und mutig, und geht voran. So gibt sie dem Anspruch der Bank ein Gesicht, Sachverhalte neu und anders zu denken. Ingo ist der Unternehmer und Macher; er übernimmt Verantwortung und treibt die Dinge voran. Insofern steht er für

Also nicht etwa im Landhotel mit WLAN-Codes für alle und so Bahlsen-Röllchen und den Gerolsteiner-Ständern auf den Tischen?

die Maxime, sie nicht nur zu denken, sondern sogar auf die Straße zu bringen. Und Leo, der Löwe aus dem Logo, ist der Teamplayer. „Gemeinsam zum Ziel, jeder ist wichtig", ist sein Credo. Das sind drei Persönlichkeiten, die mit ihren jeweiligen Ausprägungen die Kernwerte greifbarer und nachvollziehbarer machen, als es eine Powerpoint-Präsentation jemals könnte. Dadurch will man den Mitarbeiter inspirieren und infizieren, ihm Möglichkeiten zur Identifikation bieten und ihn als aktiven Mitmacher gewinnen. Nicht mit einem Programm, das der Organisation von oben herab übergestülpt wird, sondern mit orchestrierten Maßnahmen, die jeden Einzelnen involvieren, motivieren und befähigen.

Also von unten nach oben, für Unternehmer im Unternehmen. Das ist zeitgemäß.

Zwischenmenschlicher Kontakt intensiviert das Erlebnis und erhöht die Bereitschaft zur Loyalität. Die Marketingforschung zeigt, dass sich solche persönlichen Erlebnisse ausgesprochen positiv auf den Geschäftserfolg auswirken. Der Mensch wird vom ersten Tag seines Lebens an von Menschen sozialisiert. Er kopiert das Verhalten der Eltern, lernt von anderen und nimmt sich Vorbilder. Die Lernprozesse führen dazu, dass er ein menschliches Gegenüber deutlich schneller und besser „lesen" kann als digital übermittelte Botschaften. Er interpretiert jede Facette menschlichen Verhaltens, jeden Gesichtsausdruck, jede Andeutung. So entsteht ein ganzheitliches Bild seines Gegenübers; das begünstigt die Vertrauensbildung: Vertrauen schenken heißt Risiken in Kauf nehmen. Indem wir vertrauen, begeben wir uns in die Hände unseres Gegenübers, in der Hoffnung, dass er diese Haltung erwidert und alles in unserem Sinne regelt. Ab einem gewissen Punkt bleibt dem fremdfinanzierenden Bauherrn auch nichts anderes übrig. Alle Nuancen privater Finanzierungsmodelle verstehen zu wollen, ist aussichtslos. Wer Kredite verkauft, tut folglich gut daran, soziale Beziehungen aufzubauen, seine Mitarbeiter für deren Relevanz zu sensibilisieren und sie für den Umgang mit diesen ganz besonderen Kunden speziell auszubilden.

Ich hoffe, die messen die Zufriedenheit; und zwar in und mit der Bank. Das wird ein schöner Case für unser nächstes Buch, mein Freund.

Mit der neuen Strategie bleibt die Bank bei ihrem digitallastigen Vertriebsansatz. Sie ergänzt ihn lediglich um das Wesentliche, das mit zunehmender Perfektion immer mehr fehlt – den Faktor Mensch. Digitale Technologien machen das Leben und Arbeiten leichter und schneller. Auch wir finden, sie sollten überall dort eingesetzt werden, wo der Kunde das zügige Abarbeiten seiner Anfrage erwartet. Geschickt eingesetzt und kombiniert mit dem Menschlichen, wirken sie in zweierlei Hinsicht positiv: Auf der einen Seite führen sie zu mehr Kundenzufriedenheit, auf der anderen schaffen sie Freiräume beim Mitarbeiter. Die gewonnene Zeit soll er dazu einsetzen, ganz besondere, sehr persönliche Kundenerlebnisse zu ermöglichen. Unter dem Strich: Nutze digitale Prozesse, wo immer möglich, und soziale, wo – aus Sicht des Kunden, nicht des Mitarbeiters – notwendig. Für die Kontoauszüge braucht man wirklich keinen Menschen mehr.

Das wird nicht eintreten. Du bist entweder die billigste Bank, dann hochautomatisiert, oder die beste und hochpreisige, dann von Angesicht zu Angesicht.

Wer eine neue Kultur der Kundennähe etablieren will, sollte vor allem eines tun: sie gegenüber den Kollegen vorleben. Die sind, im übertragenen Sinne, Kunden ihres Vorgesetzten. Je besser sie sich verstanden, behandelt und aufgehoben fühlen, desto eher sind sie geneigt, sich auf ihre Art optimal kundengerecht zu verhalten. Wie das geht, macht der Fertighausbauer Fingerhaus vor: Von Frankenberg an der Eder aus verspricht er jedem Kunden die frist- und qualitätsgerechte Fertigstellung seines Hauses. Wenn man bedenkt, wie viel am Bau gewöhnlich schiefgeht, ist das ein sehr hoher Anspruch, dem vor allem die Monteure vor Ort gerecht werden müssen. Dass die ihren Job richtig gern machen und vor allem deshalb – wenn's mal eng wird – für den Kunden (und damit für ihren Arbeitgeber) die Extrameile gehen, stellt Fingerhaus sicher, indem man sich ihrer Bedürfnisse annimmt: Familienväter werden nur auf Baustellen eingesetzt, die maximal hundert Kilometer weg vom Heimatort sind. So haben sie immer ein Heimschläferprojekt und erleben ihre Kinder beim Aufwachsen; und das ausgeglichene Familienleben motiviert im Job.

Das klingt so einfach und schlüssig. Für mich wäre das ein Kauffaktor.

Extox, ein kleinerer Hersteller von Gasmess-Systemen, geht einen ähnlich sozialen Weg: In der Zentrale in Unna bietet man den Mitarbeitern kostenloses Mittagessen für die ganze Familie an. Darüber hinaus übernimmt Extox alle Betreuungskosten bis zum sechsten Lebensjahr und Kinder können ihre Eltern jederzeit am Arbeitsplatz besuchen. Die Strategie zahlt sich aus. Die Marke ist ein Wertesystem. Es regelt das Zusammenleben und die Zusammenarbeit von Mitarbeitern, Kunden und anderen Interessengruppen. Und es übernimmt ganz ähnliche Funktionen wie das soziale Gebilde der Familie mit all seinen Werten. Wie zu Hause kann und soll in der Firma jedermann – innerhalb klar gesteckter Grenzen – seine Individualität ausleben. Dabei regelt die gemeinsame Wertebasis das Zusammensein. „Wir wollten Stabilität und nicht Wachstum", sagt der Inhaber Ludger Osterkamp, „dieses Ziel haben wir verpasst." Verantwortlich für den Sprung von 35 auf 70 Mitarbeiter macht er auch das soziale Denken und Handeln.

Das geht bei jeder Unternehmensgröße. Genauso wichtig und nicht weniger persönlich nimmt der Stuttgarter Kabelhersteller Lapp mit 3.300 Mitarbeitern das soziale Miteinander. Dafür bürgt die Firmengründerin und Aufsichtsratschefin Ursula Ida Lapp mit ihrem Namen. Hoch in ihren Achtzigern ist sie nach wie vor der soziale Anker in der Firma und gibt der fürsorglichen Grundeinstellung ihr Gesicht. Die spiegelt sich in arbeitnehmerfreundlich gestalteten Arbeitszeiten, der Schicht-Tauschbörse, der betrieblichen Lösung für die Seniorenpflege und dem Eltern-Kind-Zimmer für Betreuungsfälle im Job – mit Spielsachen, Bettchen, Wickeltisch und Arbeits-PC. Technisch orientierte Unternehmen haben genauso ein Herz wie Konsumgüterhersteller, manche sogar ein viel größeres. Wer eine soziale Grundeinstellung hat, braucht sich um zufriedene Kunden und eine gesunde Work-Life-Balance seiner Mitarbeiter nicht zu sorgen.

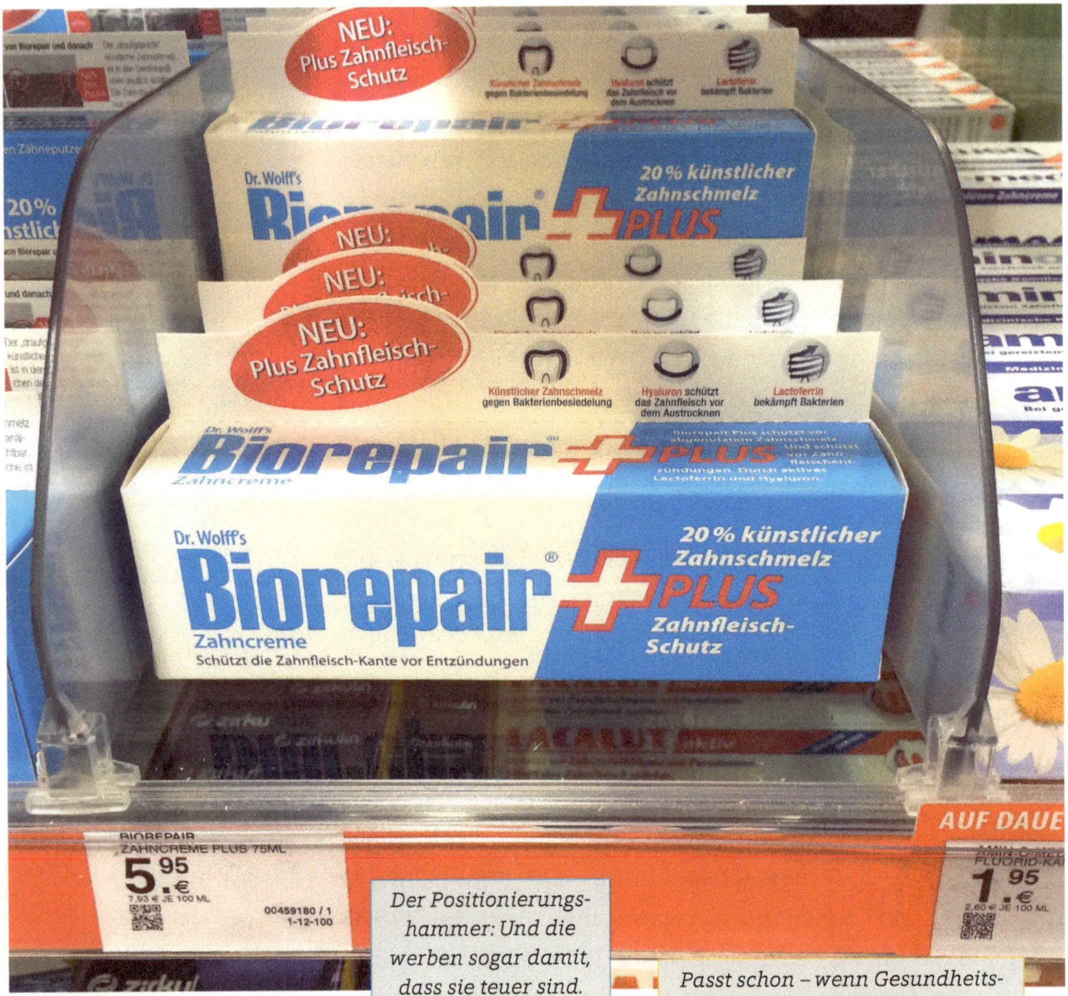

Der Positionierungs-hammer: Und die werben sogar damit, dass sie teuer sind.

Passt schon – wenn Gesundheits-relevantes auf Eitelkeit trifft, wird's preiselastisch. Aber: Wie geht künstlicher Zahnschmelz mit Bio zusammen?

Klar muss alles raus! Welche junge Frau will, dass Opi beim Schminken hilft?

Die kippen doch schon alles aus. Ästhetisch geht anders.

Mutige Markendehnung: Wie passt das denn zu Schlössern?

Das sitzt wie angegossen. Die bei Abus sind schließlich Sicherheits- und nicht bloß Schlossexperten.

WAS

EINFACH

MARKANT

SEIN BRAUCHT

Einfach markant sein ist ein Versprechen. Es muss jeden Tag neu eingelöst werden, bei jedem Kontakt mit Kunden und all den anderen Leuten, von denen man möchte, dass sie den bestmöglichen Eindruck bekommen. Wir sagen, der Anspruch, Identität konsequent zu atmen und zu leben, ist der einzig wahre. Allerdings sind wir da nicht gerade objektiv. Man kann, muss es nicht so sehen wie wir. Wer es tut, muss wissen, worauf er sich einlässt: Nach der Positionierung ist vor der Erlebbarmachung, und die hört nie mehr auf ... Und er muss einsehen, dass er sich dann nicht mit einem tollen Logo, hip beklebten Lieferwagen und austauschbaren Statements und Fotos (erste Doppelseite in der Broschüre: Abbildung Firmengebäude, Überschrift „Tradition schafft Innovation"; zweite Doppelseite: Abbildung Belegschaft vor Firmengebäude, Überschrift „Innovation lebt Tradition"; letzte Doppelseite: Abbildung Weltkugel, Überschrift: „Wir sind überall zu Hause") aus der Affäre ziehen darf. Markenführung ist viel mehr. Sie ist ein Prinzip, eine Überzeugung. Sie ist ganzheitlich.

Um dem Anspruch, markant zu sein, gerecht zu werden und die Kraft der Identität wirklich nutzbar zu machen, müssen die Organisations-, Führungs- und Kommunikationsstrukturen im Unternehmen darauf ausgerichtet sein. In vielen Unternehmen fragen sich die Verantwortlichen, wo sie das Thema aufhängen sollten: in der Geschäftsführung oder lieber im Marketing oder besser bei einer speziellen Stabsstelle, bezeichnet als „Leiter Brand"? Sie fragen sich auch, wann der optimale Zeitpunkt dafür ist. Henkel & Berndt, da sind wir uns einig, sagen: Es passt nie. Oder, und auch da sind wir uns einig: Es passt immer. Natürlich gibt es zu jeder Zeit Wichtigeres – allein das Tagesgeschäft, das die ganze Aufmerksamkeit der Macher konsumiert. Und die anderen Change-Projekte, die man durchführt, um ganz vorn dabeizubleiben (oder da wieder hinzukommen), stören die Abläufe schon genug. Wie viel Störung verträgt das Unternehmen? Anders gefragt: Wie viel Wandel und laufend justierte Fokussierung benötigt es, um weiterhin zukunftsfest zu sein?

Es braucht die tragfeste Basis: Für Veränderungen genauso wie für all das, was gut ist und gut bleibt, muss die Grundlage nicht nur geschaffen, sondern vor allem von allen verstanden und akzeptiert sein – die Markenidentität. Darauf aufbauend, sie interpretierend und erlebbar machend, sollten alle strategischen Projekte mit einem einzigen, unmissverständlich klar formulierten Ziel vor den Augen aller Beteiligten ablaufen und ihren Beitrag dazu leisten, dass es erreicht wird. Das Ziel lautet, einfach markant zu sein. Die klare anziehungskräftige Identität ist dabei die Richtung und die Leitplanke für alles, was heute und in Zukunft strategisch getan wird; und für alles andere, was man außerdem tun könnte, aber einfach weglässt. Wir sagen: Was Unternehmer tun, ist ihr Leben; die starke gelebte Marke ist dabei ihre Lebensversicherung. Besonders reif für die konsequente Markenorientierung ist die Zeit, wenn es richtig rund läuft in der Firma. Sobald es dann schlechter läuft (und früher oder später wird es so sein), mildert die aufgebaute wehrhafte Identität die Folgen und verkürzt den Zeitraum bis zum nächsten Aufschwung.

Wer in besseren Zeiten das Unternehmen so behutsam wie geplant und kompromisslos mit einer klaren Identität auflädt, sorgt in mäßigeren Zeiten für Zusammenhalt und den entscheidenden Unterschied: Wir sind stark! Wir sind einfach markant! Wir schaffen das! Das ist besonders wesentlich, wenn es keine zweite Chance für einen ersten Schuss gibt und dieser eine trefflich sitzen muss. Für den Markenmanager sind, wenn es so sein soll, cleveres Timing und das demütige Verständnis, das er von seiner Rolle im Unternehmen hat, erfolgsvoraussetzend. Er muss mit der Identität die Werteplattform etablieren, die den Mitarbeitern allzeit eindeutige Orientierung im Alltag bietet. Und zwar überall dort, wo sie unterwegs sind, an allen Kontaktpunkten, am Telefon wie von Angesicht zu Angesicht, im echten Leben wie online.

Es braucht Commitment: Die wichtigste Frage, die sich Mitarbeiter, vom CEO bis zur Sanitation-Facility-Managerin, stellen sollten, ist immer diese: „Ist das, was ich tue (oder ganz bewusst nicht tue), markenadäquat, zahlt es auf die Identität des Unternehmens ein, macht es sie erlebbar?" Besonders das Weglassen sorgt dafür – von allem Überflüssigen, Halbseidenen, Beliebigen, das das Empfinden des Absenders verwässert und dem Adressaten das Erlebnis vergällt. Dafür braucht es Information, Integration und Interaktion. Obwohl diese Erkenntnis im Grunde selbstverständlich ist, gibt es Unternehmen, da erfährt das „Humankapital" (das erstplatzierte Wort auf der Fremdschämskala in der Personalbewirtschaftung) von der neuen Ausrichtung aus der Presse. Oder die People bemerken sie erst, wenn sie eines Morgens an die Stechuhr treten, und da klebt ein ganz anderes Logo vorm Schlitz. Dabei gründet unsere Philosophie, ganz abgesehen vom Fachlichen, auf Faktoren wie Wertschätzung und offenem Visier, Klarheit und Transparenz, Statur und Langfristigkeit.

Kunden, die sich unwohl fühlen, wenden sich ab. Und nur solche, die immer wieder neu begeistert sind, werden Fans. Man kriegt sie nur, wenn man zuallererst die Unterstützung jedes einzelnen Kollegen hat, er sich ernst genommen fühlt und in seiner Firma alle identitätsbildenden Faktoren wahrnimmt. Und wenn er a) weiß, wie und wo er sie lebt und erlebbar macht, b) dafür sorgen will, c) es kann. Dann wird das Erlebnis formidabel. Wer all das draufhat, versteht, dass grade sein Beitrag zum Erfolg der Firma zentral wichtig ist. Und schreitet da draußen, wo die ganzen Interessenten und Kunden anzutreffen sind, entwaffnend spürbar zur Tat: Jetzt bin ich dran! Ich will unser Einzigartiges in die Welt tragen! Für solche Motivation und solches Verhalten sorgen Vorträge, Workshops, Coaching und Onlineschulungen, außerdem die laufende schriftliche Information und das fortwährende, so informelle wie kontroverse Gespräch auf dem Flur und in der Obstecke. In der Summe führt all das dazu, dass jeder profitiert: durch Zufriedenheit, Spaß am Tun und ein gutes Gehalt.

Henkel & Berndt sagen, guter Streit ist auch hier gut. Der kritische Diskurs darüber, was die Identität immer wieder neu zum Wohle aller erlebbar macht, darf nicht aufhören, weil das Leben der Marke nicht aufhören darf. So wird sie kultiviert, gehört zum Unternehmen wie Schräubchenkunde-Training, Zertifizierung nach ISO irgendwas und Gesundheits-Check-up. Entsprechendes Verhalten sollte karriere- und gehaltsrelevant sein und Muss-Bestandteil von Feedback- und Jahresgesprächen.

Es braucht starke Human Brands: Die Vorgaben für identitätsbildendes Verhalten kommen aus der Chefetage. Da ist das Thema am besten aufgehängt. In diesen von der Identität des Unternehmens vorgezeichneten Rahmen malt der Arbeitnehmer mit seinem Tun das schönste Bild von sich, seiner Einstellung und seinem Verhalten. Ganz im Sinne des Arbeitgebers und vor allem auch in seinem eigenen, so uniform wie nötig einzahlend auf die Unternehmensmarke und so individuell wie möglich auf seine eigene Persönlichkeit. Wenn das stimmig gelingt, trommelt im Moment der Wahrheit, pro oder kontra Kaufentscheidung, kein irgendwie ferngesteuerter Mitarbeiterroboter, sondern es begeistert ein echter Mensch, so überzeugt wie überzeugend, und befördert die Entscheidung in die einzig wahre Richtung. Wir nennen es gelebtes Human Branding.

Der Mensch hat, wie die Produkte, mit denen er sich in seinem Alltag am liebsten umgibt, das Zeug dazu, in seiner ganz eigenen Weise ebenso markant und profiliert zu sein. Damit es so kommt, muss er auf seine Positionierung Einfluss nehmen, insbesondere darauf, wie er wahrgenommen wird. Ganz proaktiv und selbstbestimmt, im Gegensatz zum Schokoriegel, der so lange vom Konsumenten vernachlässigt im Regal liegt, bis der Hersteller ihn endlich attraktiv positioniert und vermarktet. Der begehrte Schokoriegel hat echte Fans und echte Ablehner. Der profilierte Mensch hat ebenfalls beides, ganz im Sinne des konstruktiven Polarisierens: Solange die anderen ihn bloß als „ganz nett" (das ist der kleine Bruder von „egal") wahrnehmen, ist das ein Zeichen dafür, dass er nicht ausreichend positioniert ist und zu wenig polarisiert. Man sagt dann latent abschätzig: „Du bist vielleicht 'ne Marke!" Wer dagegen ganz sicher eine ist (und was für eine!), darf korrigieren: „Ich bin bestimmt eine!" Eine, die echte Bewunderung redlich verdient – aber auch echte Ablehnung. Beides ist gut und wichtig, solange das eine immer etwas mehr ist als das andere.

Die richtig gute Human Brand ebnet dem Menschen den Weg zum Leben der wahren Wahl; in allen Lebensbereichen und nicht nur im Beruf. Dieser Mensch hat mehr Fans als Ablehner und ist nur wenigen egal. Er weiß genau, was er anpackt, und sorgt mit seinem ganzen Marketing dafür, dass er die Persönlichkeit lebt, die er leben will. Dazu gehört viel weniger als alles Mögliche und dass er nur da, wo es sinnvoll ist, sein Umfeld prägt und bereichert: Auf einmal ist es interessant, nicht bei Facebook zu sein, erstrebenswert, aus dem Lions Club auszutreten, beruhigend, im Urlaub nicht nach Dubai zu müssen. Dadurch und durch etliches mehr von dieser Güte beeinflusst der Mensch maßgeblich, was über ihn gesprochen wird. Mit der Zeit stimmt die Meinung, die er von sich am liebsten hat, mit der überein, die andere von ihm haben. Selbstbild und Fremdbild nähern sich immer stärker an und er wirkt zusehends echter. Weil er es ist. Die Menschen um ihn herum haben die Gelegenheit, ihn mit dem Gehalt zu sehen, mit dem er sich selbst sieht. Er ist begehrt, wenn es um Gunst, Auftrag und Beförderung geht (ganz zu schweigen von dem vielen Erstrebenswerten im Privaten). Das gibt der Führungskraft ihre Führungs-Kraft.

Coaching und Training im Human Branding provozieren und unterstützen solch eine Positionierung und Profilierung. Und wenn die Arbeit an und mit der Human Brand ergibt, dass der Mensch ganz etwas anderes will, vor allem weg aus dieser Firma, wo er schon so lange ist, und mit was ganz anderem ganz neu anfangen – nur los! Vom Unternehmensbewohner zum Heartworker, das tut beiden Seiten mehr als gut.

Es braucht Herzensangelegenheiten: Hauptverwaltungen, Büroräume, Fabriken, Produkte und Lieferwagen sind seelenlose Dinge aus Stahl, Glas, Holz und Plastik. Erst die Menschen, die in ihnen arbeiten, dort produzieren und die Produkte ausliefern, erfüllen das alles mit Leben. Man kann sie Markenbotschafter nennen, das ist sehr en vogue. Muss man aber nicht. Viel wichtiger ist, was hinter der Fassade dieses Gummiwortes steckt: Überzeugte aktive Mitmacher laden die Marke emotional auf. Dann erzählt man sich von der ganz besonderen Art ihres Tuns und kommt bewusst erst in den Laden, auf die Messe oder die Website, anschließend an den Verhandlungstisch und ins Geschäft. Man fühlt sich gut beraten und nicht verkauft. Man kauft wieder. Der Kunde des markanten Menschen bei dem markanten Unternehmen wird zum Stammkunden. Damit es dazu kommt, muss es überall kantige Menschenmarken geben, in der Entwicklung wie in der Fertigung, in Verwaltung und Vertrieb, am Telefon und am Beratungstresen. Der Allerwichtigste ist der – genau – Pförtner. Deshalb kriegt er die Einladung zur Jahresendfeier zuallererst, und zwar aus der Hand des CEO, überreicht im Pförtnerhäuschen. Solches Verhalten ist augenhöhiges markantes Verhalten.

Wer mit dem Herzen dabei ist, antwortet auf die Hassfrage Nr. 1 nach dem Beruf, dass er jeden Tag Kinderaugen größer macht (eigentlich ist er nur Außendienstler bei Playmobil), die Menschen zueinanderbringt (eigentlich ist er nur am Check-in am Flughafen), die Menschen zu ihren sportlichen Zielen führt (eigentlich ist er nur Einkäufer bei Adidas) oder dafür sorgt, dass man mit viel Sprizz im Kopf seinen Führerschein behält (eigentlich ist er nur Taxifahrer). Das Bild im Kopf, das so etwas auslöst, kommt von der Kraft solch starker Geschichten. Man erzählt sie, wenn das Herz über den Kopf gewinnt. Produkte kriegen plötzlich ein Gesicht, und die Menschen auch, man will mehr von beidem. Antwortet der Gefragte allerdings, dass er in Plastikspielzeug macht, Bordkarten rausgibt, Plastik und Leder einkauft, Taxi fährt, bleibt die Begehrlichkeit aus. Da fragt man nicht weiter, stattdessen kommt die peinliche Gesprächspause und anschließend die gefürchtete Erwiderung: „Hat mich gefreut, ich geh mal zum Buffet." Unsere Hassantwort Nr. 1 auf diese unausrottbare Frage: „Ich bin bei Schnösel & Söhne im Vertrieb, wir machen Dichtungen, für Zentrifugen und so. Werden Sie nicht kennen. Ich bin da schon zwölf Jahre, wir haben da in der Nähe privat gebaut, das Grundstück war günstig. 15 muss ich noch. Na ja, ist warm und trocken da, besser als gehartzt." Uff!

Es braucht nachhaltiges Handeln: Produktversprechen und -nutzen allein reichen nicht mehr, genauso wenig wie Umsatz und Gewinn, als Antworten auf die entscheidenden Fragen: Warum gibt es uns? Weshalb haben wir das Recht dazu, am Markt zu sein? Wen interessiert, dass wir es sind? Nur wer auf all das tragfähige Antworten hat, hat das Zeug dazu, markant zu sein. Es hat mit Nachhaltigkeit zu tun, aber man muss es nicht so nennen. Vor allem beschränkt sich nachhaltiges Wirtschaften nicht auf die Umwelt. Es geht um viel mehr: den verantwortlichen Umgang mit den Ressourcen Mitarbeiter, Zeit, Wissen, Materialien, Geld... Dies alles, weil die unternehmerische Freiheit eine dienende Freiheit ist. Wer das begreift und sich auf entsprechendes Handeln versteht, wird vorn sein und vorn bleiben. Die Nachhaltigkeitsberater von Sustainable Impact in München verstehen sich auf diese ganze Sicht der Dinge. Geschäftsführer Frank Sprenger vertritt drei Postulate, wenn es darum geht, nachhaltiges Wirtschaften dingfest und griffig zu machen: 1. Jeder muss ein Gefühl dafür entwickeln, was in seinem Markt nicht nachhaltig ist, und sich darauf konzentrieren, die aufgedeckten Probleme zu lösen. 2. Damit das funktioniert, muss er in seiner Organisation für das Bewusstsein dafür sorgen, was Verantwortung ganz konkret bedeutet. 3. Wenn alles läuft, muss er die Performance der Nachhaltigkeitsaktivitäten so sauber steuern wie alle anderen Prozesse – die Markenführung und all das, was sonst wichtig ist. Sprenger sagt: „Unternehmen müssen lernen, mit Unsicherheiten umzugehen. Derzeit versuchen sie noch, über die Marktforschung Sicherheit herzustellen. Die bisherige Autobahn wird jedoch zur Bergstrecke werden, mit unwägbaren Risiken hinter jeder neuen Kurve. Dazu wird die Marktforschung nichts mehr sagen können."

Das macht deutlich, worum es geht: dass die einzige Sicherheit die Unsicherheit ist. Und dass nachhaltiges Wirtschaften ganz klar auf die markante Erscheinung einzahlt, mit entscheidenden Auswirkungen auf die immer und überall von jedem angestrebte, gefühlte oder tatsächliche Poleposition. Sprenger hat überzeugende Beispiele: Toyota sagt schon Mitte der Neunziger, dass fossile Brennstoffe nicht auf Dauer im Auto verbrannt werden sollen. Sie sind die Ersten mit einem Hybridfahrzeug, nicht BMW oder Mercedes, denen man das vor allen anderen zutraut. „Dabei ist der Hybrid gar nicht die endgültige Lösung, sondern der wichtige Zwischenschritt." Und Unilever packt massiv und glaubwürdig die Nichtnachhaltigkeit in der Lebensmittelindustrie an. Es geht nicht nur um Fettleibigkeit, sondern auch um die gesellschaftlichen Auswirkungen von ausuferndem Konsum und Fehlernährung. Paul Polman, der CEO, geht beim Anpacken voran. Sprenger: „Man muss das von ganz oben treiben, sonst funktioniert es nicht." Henkel & Berndt sagen: So geht es zumindest schneller und stringenter, mit den Grundlagen für die markante Erscheinung des Unternehmens ist es ganz genauso. Und wo nicht derart vorangegangen wird, erfordert es früher oder später der Markt, und die Stakeholder packen an.

Es braucht undemokratische Entscheidungen: Mit der markant geführten Marke begegnet man unschönen Entwicklungen, bevor sie entstehen, und sorgt für viel Gutes im Sinne von Substanz, Wachstum, Zufriedenheit, Umsatz und Gewinn. Visionär aufgesetzt, mutig umgesetzt und konsequent gelebt, ist sie die Garantie dafür. Da stören zu viele Meinungen. Sie verunsichern die Macher, und die drehen sich womöglich wie die Fähnchen im Wind und wissen irgendwann nicht mehr, wo sie hinwollen mit ihrem Markenprojekt. Das macht sie noch visionsloser und unentschlossener beim Handeln als zuvor. Damit viel Gutes produziert wie provoziert wird, dürfen bei der Entwicklung nur so viele Kollegen wie notwendig und gleichzeitig nur so wenige wie möglich beteiligt sein. Das Entwicklungsteam aus unterschiedlichen Hierarchiestufen und Abteilungen, Regionalbüros und Landesgesellschaften, Administration und Produktion stellt sicher, dass alle relevanten Sichtweisen berücksichtigt werden. Und es fördert die Akzeptanz des Ergebnisses: Die Macher fühlen sich frühzeitig gehört und integriert. Sie erzählen den Kollegen gern, was da im gar nicht stillen Kämmerlein geschieht, wo die Herren die Krawatten weglassen und alle die Blusen- und die Hemdsärmel hochkrempeln und lautstark und emotionsgeladen argumentieren.

Das frühe Mitwirken der richtigen Kollegen, qualifiziert durch ihre fachliche Funktion oder durch ihre Rolle als passionierte Flurfunker, sorgt für Wesentliches: dass sie beim späteren Erlebbarmachen der Marke, wenn Marketing daraus wird, dafür sorgen, dass bald alle dabei sind und ihren Werkbeitrag leisten. Dermaßen informiert und motiviert tragen sie das Versprechen dorthin, wo man gleich erleben kann, wie sie es einlösen. Und sich dabei genauso visionär, konstruktiv und aktiv fühlen wie das Team, das

das alles angezettelt hat. Und stolz darauf sind, in genau diesem Unternehmen zu arbeiten. In diesem einen Moment meldet das Interessentenherz dem Interessentenkopf, der einen weiteren Impuls braucht: Okay, wir kaufen das, bestellen das, buchen das! So werden sie Kundenherz und Kundenkopf.

Es braucht einfache Kommunikation: Schwierig und verschwurbelt kann jeder, Fremdworte sowieso und Drumherumreden erst recht. Woher kommt das bloß, dass der Oberschwurbler gewinnt? Viel sagen, ohne viel zu sagen, ist die Pest des 21. Jahrhunderts, einer Zeit, in der alle nur senden, aber niemand Empfänger sein will. Um da durchzudringen, braucht es Botschaften, die so sind:

- Klar, berechenbar, nachvollziehbar. Sagen, was man meint, und meinen, was man sagt, ist zur ganz großen Kunst geworden. Wer die harten Fakten kennt, die es zu vermitteln gilt, außerdem seine Identität als den soften Rahmen dafür, darf sich wieder trauen: wenig sagen, um viel zu sagen. So herum ist gut.

- Reduziert. In einer Welt, in der es von allem alles und von allem zu viel gibt, fällt die Signature-Question beim Metzger aus der Zeit: „Darf's ein bisschen mehr sein?" Nein, darf es nicht, ganz im Gegenteil. In den Überprüfungsrunden muss die Rausschmeißerfrage lauten, was man noch weglassen kann, um noch profilschärfer zu sein – weniger Zielgruppen, weniger Produkte, weniger Versprechen ... Wer die qualifizierte Antwort losgeworden ist, darf ins Wochenende.

- Ausgerichtet auf die stringent gelebte Strategie. Nichts Schlimmeres als heute so, morgen so. Wer das macht, wundert sich anschließend, dass, wenn man die Adressaten all der kreuzen und queren Botschaften befragt, bloß ein müde belächeltes Märkchen dabei rauskommt. Erst der Mut, dann die Konsequenz. Die Strategie darf neu justiert werden, wenn unvorhergesehene Entwicklungen es erfordern, allerdings nicht, wenn ein neuer Marketingverantwortlicher antritt und als Allererstes auch noch eine gute Idee hat.

- Nicht allein aus Studien und Marktforschung abgeleitet. Die sind schnell derart tendenziös, dass sie nur eines bieten – den Sicherheitsgurt für denjenigen, der notgedrungen die Entscheidung trifft. Geht es schief und zum Rapport beim CEO, ist die Chance zu überleben einfach größer, wenn GfK und McKinsey an Bord sind. Wir sagen das voller inbrünstigem Neid und wünschen uns nichts sehnlicher, als dass es eines nahen Tages heißt: „You will never get fired for hiring Henkel & Berndt."

- Markant. Das sind sie, wenn es draußen heißt: „Wir haben gleich gefunden, was wir suchen!"; „Das ist die Lösung!"; „Die Vorteile waren uns sofort klar!"; „Für uns kommt nichts anderes infrage!"; „Das ist einfach!"; „Die erkenne ich sofort!". Und so weiter. Oder am besten alles auf einmal.

FIRMEN- & MARKEN-VERZEICHNIS

INHOUSE-SESSION „EINFACH MARKANT!“

Kontrovers auf den Punkt: Ein ganzer Tag für Ihre starke Marke

Henkel & Berndt kommen zu Ihnen und machen Ihre Mitarbeiter konstruktiv betroffen: „Die meinen ja mich!“ Klar, wen denn sonst? Wenn alle verstehen, welchen Beitrag sie zum Markenerlebnis leisten müssen, können sie für das Allerwichtigste sorgen: dass Ihr Unternehmen und Ihre Produkte markant sind – und damit das so profilierte wie begehrte Gesicht in der Menge haben.

Henkel & Berndt machen glasklar, was es dazu braucht – die eindeutige Identität. Und was alle mit adäquatem Markenverhalten daraus machen müssen, immer und überall, intern wie extern, an allen Kontaktpunkten, um Identität erlebbar zu machen.

Marke leben macht Spaß. Und Ihr Unternehmen zukunftsfest.

Mehr auf jonchristophberndt.com unter „Workshop".

KEYNOTE-VORTRAG „EINFACH MARKANT!“

Der Schlagabtausch: Was Marken erst markant macht

Der eine liefert die jüngsten Erkenntnisse aus Forschung und Wissenschaft über die Kraft profilierter Marken. Der andere macht klar, wie man sie nutzbringend entfesselt. Oder andersrum. Im Doppelpack sind sie 100 Prozent Henkel & Berndt, mit 200 Prozent Inhalt. Sie revolutionieren, was man bisher „Markenarbeit“ nennt: weg vom „Marketing wie immer“, hin zu berührenden Themen, anziehenden Geschichten, erlebbar gemachten Emotionen und dem echten Bekenntnis zur Marke – als Lebensversicherung der Unternehmen.

Wie jeder von der markanten Marke profitiert, indem er sie erkennbar und erlebbar macht, bringen Henkel & Berndt genauso kompromissfrei wie humorvoll in die Köpfe. Und vor allem in die Herzen und Bäuche.

Mehr auf jonchristophberndt.com unter „Vortrag“.

AUCH STRANDGEEIGNET

„Brand New: Was starke Marken heute wirklich brauchen“

Wie muss eine Marke heutzutage aufgestellt sein, damit sie im medialen Lärm der immer lauter werdenden Werbebotschaften überhaupt noch wahrgenommen wird?

Marketing-Professor Henkel und Vermarktungsexperte Berndt streiten in „Brand New“ um die besten Antworten. Auf ebenso kurzweilige Art wie in „Einfach markant!“ bekommt der Leser entscheidende Informationen, Argumente und Anregungen für sein eigenes zeitgemäßes und wirkungsvolles Handeln im Markenmanagement. Mit dabei sind u. a. Tina Müller (Opel), Ernst Prost (Liqui Moly) und Alexander Schlaubitz (Lufthansa).

3. Auflage

Beim Buchhändler Ihres Vertrauens und bei Amazon.

FSC
www.fsc.org
MIX
Papier | Fördert gute Waldnutzung
FSC® C083411

Kolibri 360 GmbH
Ferdinand-Jühlke-Straße 7
99095 Erfurt, Deutschland
produktsicherheit@kolibri360.de